La ciencia de la Primera Persona

Douglas E. Harding

La ciencia de la Primera Persona

*Sus principios, su práctica
y su potencial*

The
Shollond
Trust

Publicado por The Shollond Trust
87B Cazenove Road
London N16 6BB
England
headexchange@gn.apc.org
www.headless.org
The Shollond Trust es una organización benéfica
de Reino Unido registrada con el nº. 1059551

Título original: *The Science of the 1ˢᵗ Person*
(Publicado inicialmente por Shollond Publications, 1974)

Traducción y edición: Diego Merino Sancho
(www.diegomerinotraducciones.com)
Imagen de portada: www.rangsgraphics.com
Ilustraciones del autor

ISBN 978-1-908774-81-1

Dedicado con cariño
a Richard Lang

La mayoría de los hombres son seres truncados. Lo que la naturaleza planeó como una posibilidad susceptible de convertirse en un «Yo» penetrante y plenamente desarrollado no tardó en embotarse y convertirse en una tercera persona.

KIERKEGAARD

Dios hizo que los sentidos estuviesen vueltos hacia el exterior. Por eso los hombres miran hacia fuera y no a sí mismos. Pero de vez en cuando algún alma audaz y atrevida, en su deseo de inmortalidad, mira hacia atrás y se encuentra a sí mismo.

Katha Upanishad

La segunda y la tercera persona tan solo aparecen ante la Primera Persona.

RAMANA MAHARSHI

Por *alienación* se entiende un modo de experiencia en el que la persona se experimenta como ajena a sí misma. Podría decirse que el individuo se aleja o se enajena de sí mismo, que deja de experimentarse como el centro de su mundo. [...] La persona alienada ha perdido el contacto consigo misma del mismo modo que lo ha perdido con cualquier otra persona. Se experimenta a sí misma y a los demás del mismo modo que se experimentan las cosas.

ERICH FROMM

El sujeto no está en el mundo.

WITTGENSTEIN

Índice

Prólogo

EL PROPÓSITO DE ESTE LIBRO es contextualizar en un enfoque rotundamente moderno y occidental la enseñanza esencial y el objetivo de la religión espiritual —objetivo que recibe el nombre de *Despertar, Iluminación* o *Liberación*—. Me propongo mostrar la enorme precisión con la que esta antigua sabiduría precientífica encaja en la escena contemporánea, dominada por la ciencia, una vez que ha sido despojada de los adornos que tradicionalmente se le añaden, de sus rarezas sectarias y su lenguaje sagrado. Si bien coincido en que la ciencia moderna es válida —y, de hecho, indispensable— en el campo de actuación que le es propio, sostengo que la sabiduría antigua va mucho más allá, que en un sentido muy real es más científica y más sensata de lo que la ciencia, tal como la conocemos, podría llegar a ser jamás, y que, de hecho, es su complemento práctico y teórico. Dicho en otras palabras, en las siguientes páginas defenderé que la ciencia objetiva occidental es solo la mitad de la ciencia real (siendo la otra mitad la ciencia del Sujeto o de la Primera Persona) y que nuestros problemas se deben a que la tomamos como la única que existe. Nuestro objetivo aquí será empezar a corregir este error y presentar la Iluminación de una manera que la mentalidad científica occidental pueda entender y poner en práctica de inmediato.

Así pues, en primer lugar veremos brevemente el procedimiento que sigue la ciencia ordinaria (la ciencia de lo observado, del objeto o la tercera persona, lo que, para abreviar, denominaremos la *ciencia-3*). Después lo compararemos con el procedimiento de su complemento (de la ciencia del observador, el Sujeto o la Primera Persona; la *ciencia-1*, para abreviar), y finalmente ofreceremos numerosos ejemplos ilustrativos —37 para ser precisos— de cómo la ciencia-1 rectifica y completa a la ciencia 3 en detalle.

Ciencia-3: La ciencia de lo observado

La ciencia tal como la conocemos se ocupa de la estructura y el comportamiento de los fenómenos que conforman el universo objetivo. Su propósito es descubrir con precisión lo que sucede en los distintos niveles de observación, los vínculos y las relaciones «horizontales» que se dan en cada nivel y las relaciones «verticales» que operan entre niveles.

Trata de explicar la configuración de los fenómenos presentes en términos de su pasado, de predecir su futuro e indicar —siempre que sea posible— cómo se pueden controlar y usar para beneficio humano.

El sorprendente éxito que el procedimiento de la ciencia-3 ha tenido en el pasado se ha debido en gran medida a la capacidad de los científicos para mantenerse a sí mismos fuera de la escena. Pero eso no hace que el científico desaparezca; a lo máximo que llega es a aplicar su procedimiento objetivo habitual en sí mismo como Sujeto, convirtiéndose así en un objeto o una tercera persona. Sin embargo, esta forma de actuación no resulta honesta, pues de este modo finge ser justo lo contrario de lo que realmente es. No puede evitar de ningún modo ser la Primera Persona, la cual exige un tipo de ciencia propia totalmente distinto.

Ciencia-1: La ciencia del observador

Esta clase de ciencia exige que su practicante haga exactamente lo que la ciencia-3 prohíbe: incluirse a sí mismo de nuevo en la escena y tomarse en serio su subjetividad. Estamos ante un procedimiento tan revolucionario, ante una temática tan única y particular, con unos resultados tan notables, que constituyen un tipo de ciencia completamente nuevo. Es lo que cabría esperar. Cada una de estas ciencias es a la otra como la Primera Persona es a la tercera: la ciencia-1 es en todos los aspectos el extremo opuesto de la ciencia-3. Y sin embargo no la contradice en nada, no la invalida, sino que lleva hasta su conclusión adecuada el inmenso trabajo ya realizado anteriormente por la ciencia-3. No es anticientífica en ningún sentido, sino más bien ultracientífica o metacientífica. Y el procedimiento que sigue es simplemente este: el científico-1, al girar su atención 180° y verse tal como es para sí mismo, está por fin en condiciones de enmendar las anomalías básicas de la ciencia-3 y, simultáneamente, resolver sus propios problemas básicos —los problemas de la vida, de la existencia—[1].

Pero todo esto no son más simples queaserciones. A continuación presentaremos evidencias que apoyan esta tesis. No obstante, antes has de prepararte para seguir leyendo, ya que la ciencia de la Primera Persona no tendrá ningún sentido para ti hasta que no veas por ti mismo qué es esa Primera Persona. [*Nota del editor*: En la versión impresa, llegado este punto Harding se refiere a un túnel de papel que forma parte del propio libro, el cual nos pide que despleguemos para realizar el experimento del túnel. Si estás leyendo la versión en libro electrónico, tendrás que confeccionarte un túnel por ti mismo. Es importante que te tomes la molestia de hacerlo para así poder realizar el experimento. Es muy sencillo: para hacer un túnel puedes o bien cortar el fondo de una bolsa de papel cuyos extremos tengan aproximadamente el tamaño de una cara, o bien construir un túnel con un trozo de papel grande uniéndolo por los lados. Harding continúa diciendo:]

Ábrelo de este modo:

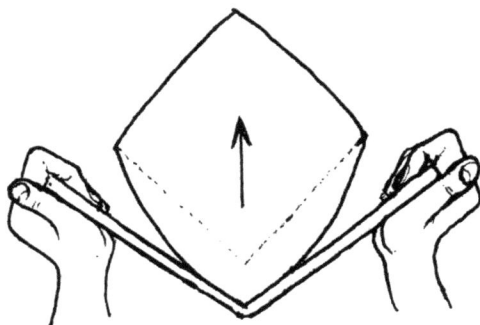

Coloca tu cara en uno de sus extremos y apoya el otro contra el espejo del baño. Lo que ves detrás del cristal del espejo, al otro lado, eres tú como tercera persona, y lo que ves aquí, justo al final de este lado del espejo, eres tú como Primera Persona. *¿Acaso podrían ser más diferentes la cara que aparece* ahí *y el espacio de* aquí *que la acoge, que la percibe?*

Tras este inciso, retomemos nuestro prólogo. Para recordar tu Primera Persona mientras lees, lo único que has de hacer es dejar de pasar por alto el Vacío Consciente que hay a este lado de todas esas marcas negras impresas sobre papel blanco, e incorporarlas, abarcarlas. Pedirte que hagas esto es un requisito razonable, pues adentrarte en una disciplina científica negándote a realizar cualquiera de las pruebas de laboratorio en las que se basa resultaría bastante inútil. En el caso de la ciencia-1, esa actitud probablemente conllevaría más mal que bien.

He incluido las citas de diversos místicos y maestros como notas al pie y no como parte del texto para dejar claro que no forman parte de la presente argumentación y que, ciertamente, no las cito como fuente de autoridad. Su único propósito es ilustrar la antigüedad y la universalidad de la ciencia-1. El científico-1 comprueba la validez de estas escrituras mediante su propia experiencia, y no al revés (es decir, no comprueba la validez de su propia experiencia en función de si se ajusta o no a las escrituras).

---

(1)   Wittgenstein dice lo siguiente respecto de la ciencia-3: «Tenemos la sensación de que cuando hayamos dado respuesta a todas las cuestiones científicas posibles, el problema de la vida o de la existencia seguirá permaneciendo completamente intacto».

1

La ciencia-1 insiste
en ser verificada

LOS DESCUBRIMIENTOS CIENTÍFICOS se caracterizan porque se pueden verificar de forma independiente. No hay que limitarse a creerlos sin más ni aunque los promulgue la más eminente autoridad, sino que hay que ponerlos en duda y comprobarlos. Sin embargo, en la práctica tales comprobaciones rara vez se pueden llevar a cabo de forma sencilla con cierto grado de exhaustividad, y casi nunca son completamente conclusivas. En consecuencia, gran parte de lo que consideramos como conocimientos firmemente establecidos en la ciencia-3, en realidad son susceptibles de ser revisados y sometidos a un nuevo escrutinio.

La ciencia-1 es incluso más radical en su interpelación a la experiencia de primera mano y salta por encima de toda autoridad establecida. Si existe, es para ser puesta a prueba y precisamente gracias a que la ponemos a prueba, y no al revés. Por así decirlo, carece de laureles en los que tumbarse a dormir. Lo más probable es que en las siguientes páginas no te diga cómo es ser la Primera Persona ahí donde estás, pues no estoy en posición de decirlo, sino solo cómo es aquí, donde estoy yo, por si acaso tú también percibes lo mismo. Más aún, es posible que ni siquiera te cuente —ni me cuente a mí mismo— cómo era ser la Primera Persona aquí, donde yo me encuentro, ayer, hace una hora o hace un minuto. ¡Ni siquiera me puedo fiar de mi propia autoridad! Y es que si veo lo que hay aquí, en el Centro de mi mundo, y no me limito meramente a pensar sobre ello, compruebo que este Centro está libre de todo recuerdo, de toda memoria; cada vez es un descubrimiento absolutamente nuevo.

La única manera en la que puedo verificar mis hallazgos pasados con el rigor que exige la ciencia más exigente es actualizándolos continuamente. De hecho, el pasado está obsoleto, ha quedado descartado. La ciencia-1 es la ciencia de la Primera Persona del singular en *tiempo presente*, porque la verdadera Primera Persona solo es ahora (el recuerdo y la anticipación de la Primera Persona la convierten en un objeto, es decir, en una tercera persona). Mientras que la ciencia-3 no tiene más remedio que apoyarse en gran medida en la experiencia pasada y dar por hecho gran parte de su conocimiento a medida que este va aumentando, la ciencia-1 no puede permitirse dar absolutamente nada por sentado.

Tampoco podemos despachar la ciencia-1 como una serie de ejercicios de subjetividad autocontenida, meras experiencias privadas verificables solo por el individuo y que no están sujetas a ningún control externo y objetivo. No; sus hallazgos se pueden verificar públicamente por medio de los métodos que la ciencia-3 usa comúnmente. No me limito a decirte lo que está presente justo aquí —literalmente Nada, Ninguna-cosa—, sino que además añado una invitación para que vengas aquí (preferiblemente pertrechado con los instrumentos adecuados) y descubras por ti mismo si estoy diciendo la verdad. Y entonces, si aceptas mi invitación, ¿no es cierto que dejarías de verme como un hombre, como una cara, como un trozo de piel, como células, como moléculas, como átomos, etc., hasta llegar finalmente a un lugar donde —justo como te dije— no puedas ver prácticamente nada de mí? Es cierto que no puedes llegar justo donde estoy, sino que, por mucho que te acerques a mí, siempre permaneces como un observador externo, lo que implica que nunca llegas a vaciarme por completo. Ese último paso has de dejármelo a mí, pero es la conclusión obvia de todos los pasos que has ido dando hacia el lugar en el que me encuentro[1].

(1)   —Creo que iré a su encuentro —dijo Alicia— [...]
—Así no lo lograrás nunca —le señaló la rosa—. Si me lo preguntaras a mí, te aconsejaría que intentases andar en la otra dirección [...]. Esto le pareció a Alicia una verdadera tontería, de forma que sin dignarse a responder nada se dirigió al instante hacia la Reina roja. No bien lo hubo hecho, y con gran sorpresa por su parte, la perdió de vista inmediatamente [...].

LEWIS CARROLL, *A través del espejo*

Eres como un espejismo en el desierto; el hombre sediento piensa que es agua, pero cuando se acerca descubre que no es nada. Y donde pensó que había agua, encuentra a Dios.

El Corán

2

La ciencia-1 es ultraanalítica

L A CIENCIA-3 NO SE FÍA DE las apariencias, sino que analiza y examina las cosas a fondo, las desmonta y estudia sus partes para descubrir de qué están hechas realmente, qué las hace funcionar del modo en que lo hacen. Hasta ahora, los físicos han llegado a la conclusión de que los cuerpos están constituidos por partículas —u *ondículas*—, quarks o subquarks, pero es evidente que esta no es la respuesta final. Mientras siga habiendo algo, por vago e impreciso que sea, seguirá siendo posible preguntarse de qué está compuesto ese algo. Así pues, el científico aún se encuentra a una cierta distancia, por pequeña que sea, de su material de estudio y en modo alguno penetra en el objeto en sí (en, por así decirlo, el corazón de la materia). La esencia subyacente —sea lo que sea— sigue permaneciendo tan inescrutable como siempre.

En cambio, cuando el científico gira su atención 180° y se examina a sí mismo como Primera Persona, cuando se convierte en su propia muestra única y particular de ese «lo que sea», cuando se toma en serio esa colección de partículas respecto de las cuales tiene información privilegiada y sobre la que él es la autoridad única y final, entonces es cuando finaliza su labor de reducción y observa que, en última instancia, está absolutamente vacío (si bien es consciente de sí mismo como dicho Vacío), que carece de forma (aunque percibe con toda claridad al Sujeto), que no tiene ninguna cualidad (aunque se siente mortalmente encantado de haber desaparecido por completo)[1]. *Comprueba que la Realidad que subyace tras las apariencias es un No-algo, una No-cosa que se ve a sí misma como nada.* O mejor dicho, se da cuenta de que la Realidad que subyace *tras* las apariencias está, de hecho, frente a ellas, acogiéndolas, englobándolas, incluyéndolas en su seno, y que dicha Realidad no es otra sino él mismo como Primera Persona. El experimento del túnel que acabas de realizar dejará este punto perfectamente claro.

---

(1)   Cuando el hombre quiere asegurarse de que tiene un cuerpo, es incapaz de encontrarlo. [...] Aplicando esta clase de visión, uno tan solo ve que ahí no hay ninguna forma.

El secreto de la flor de oro

Aquí, la forma es vacío.

Sutra del corazón

«Desfórmate» a ti mismo.

TAULER

3

La ciencia-1 es ultrasintética

PERO EL ANÁLISIS TAN SOLO es la mitad descendente en las escaleras mecánicas de la ciencia. Su objetivo contrario es la síntesis, el descubrimiento y el estudio de *gestalten* ('totalidades') y «unidades ecológicas» cada vez más completas e incluyentes y, en última instancia, de una serie ascendente completa de totalidades inorgánicas, orgánicas y supraorgánicas (separadas de las cuales, sus partes, órganos y funciones son, en mayor o menor medida, inexplicables). Este objetivo también se está convirtiendo en una importante y respetable función de la ciencia-3. Por ejemplo, se ha visto que el clima, el suelo, la flora y la fauna de una selva tropical son tan interdependientes que solo pueden entenderse como un todo suprabiológico, del mismo modo que, en niveles inferiores, las hojas, las ramas o las raíces de uno de sus árboles solo pueden entenderse como partes de una totalidad biológica mayor. Una de las características distintivas de las auténticas totalidades es que presentan cualidades y funciones que no es posible encontrar en sus partes constituyentes. Cada nuevo nivel muestra sus propios «emergentes» únicos e impredecibles.

En todo caso, si el científico se niega a añadirse a sí mismo al conjunto, la labor indispensable de volver a unir las cosas está condenada a quedar muy por debajo de su objetivo (que es el descubrimiento del Todo absoluto, de la única y verdadera Totalidad que todo lo incluye). ¿Cómo podría encontrar esta Unidad mientras se hace pasar por una *cosa* que se limita a observar, que está ahí plantada frente a la totalidad de las cosas observadas, dividiendo así al Uno en dos? Por el contrario, cuando finalmente es consciente de que esta «cosa» que observa no es ninguna cosa, sino el Sustrato, la Base o el Contenedor vacío de todo aquello que «tiene delante», entonces todas esas cosas sí que *están ahí* del todo, por completo. Ahora las percibe como un único relleno, como un único universo, sin importar lo mutuamente incongruentes que estas cosas puedan parecerle cuando las considera como independientes de él. Al desaparecer como objeto que se sitúa frente a una multitud de objetos variados, el científico-1 reaparece como el sujeto único y solitario que unifica y mantiene unidos todos los objetos en la síntesis perfecta[1]. La Primera Persona se convierte verdaderamente en Nada al entregar todo a la Totalidad, la cual, de este modo, se convierte verdaderamente en Todo, pues ahora la parte vital que le faltaba ya ha sido restablecida.

Esto es algo que hemos de constatar por nosotros mismos. Primero hemos de ver lo que somos, después tenemos que comprobar cómo esta comprensión unifica las cosas y, finalmente, hemos de descubrir cuál es la «cualidad emergente» de esta síntesis.

---

(1)   Mientras siga siendo esto o aquello, no seré todas las cosas.

ECKHART

El problema surge cuando alguien dice «Soy esto o aquello». Sé tú mismo, sé lo que eres, eso es todo.

RAMANA MAHARSHI

4

La ciencia-1
es matemáticamente precisa

CUANDO LOS NATURALISTAS se contentaban con compilar catálogos ilustrados de la naturaleza seguían siendo meros coleccionistas en lugar de científicos. Evidentemente, el progreso de la ciencia-3 ha consistido en gran medida en el desarrollo del conjunto de herramientas que emplea, en el reemplazo gradual de imágenes verbales y pictóricas muy burdas y primitivas por instrumentos matemáticos precisos y certeros como un escalpelo. Aun así, existen grandes áreas de estudio (especialmente en las ciencias de la vida) cuyas herramientas lingüísticas siguen siendo en gran medida anecdóticas y descriptivas, y en ningún área vemos que el lenguaje abstracto de las matemáticas se ocupe por completo de los fenómenos concretos. Las matemáticas de la ciencia-3, la ciencia de lo observado, están condenadas a quedar siempre muy por debajo de sus propios ideales de precisión y aplicabilidad.

No ocurre lo mismo con las matemáticas de la ciencia-1, la ciencia del observador. Consideremos por ejemplo el conteo o la enumeración. Hay tres formas posibles de realizarla: la de los niños, la de los adultos y la de los adultos-niños. (a) Un niño pequeño en una habitación con, digamos, 4 personas, no se cuenta a sí mismo en absoluto, por lo que tan solo cuenta 4 caras. (b) El adulto, contándose erróneamente a sí mismo como objeto 1 (o, más cortésmente, como objeto 5), cuenta 5. (c) La Primera Persona vuelve a contar solo 4, porque (al igual que el niño) no se pasa por alto a sí misma como Sujeto, ni tampoco (como el adulto) se clasifica a sí misma como un objeto. Ve con claridad que no es ni un adulto ni un niño, que jamás ha empezado siquiera a crecer o a convertirse en absolutamente nada, por lo que se *excluye* a sí misma de la cuenta y se *incluye* como Nada, como No-cosa, como Cero.

Así pues, siempre empieza a contar desde «ninguno», desde cero.

(a) Niño	1 2 3 4	No se cuenta a sí mismo en absoluto
(b) Ciencia-3 del adulto	1 2 3 4 5	Cuenta erróneamente al Sujeto como objeto 1
	5 1 2 3 4	Cuenta erróneamente al Sujeto como objeto 5
(c) Ciencia-1 (adulto-niño)	0 1 2 3 4	Se cuenta a sí mismo como Sujeto 0

Cualquiera que sea la clase de objetos que el científico-1 (c) cuente —ya sean ojos, caras, cabezas, hombres, cuerpos o cosas de cualquier tipo, personas, ideas, cualidades— siempre es consciente de sí mismo como algo completamente distinto de eso, como algo que en modo alguno pertenece a esa clase. Comprende que como Primera Persona no se puede contar a sí mismo, del mismo modo que no se puede contar el frutero cuando se cuentan las frutas que contiene. La Primera Persona es Cero con respecto a todos los objetos existentes. Resulta esencial para llevar a cabo la operación de contarlos, pero en sí misma no participa, no está incluida, es inclasificable, se mantiene en todo momento como el incontable e inexplicable Contador. Por su parte, el científico-3 se considera a sí mismo como una cosa entre cosas, como un objeto entre objetos, un número que añadir al final de la serie, cuando no al principio. Su mundo, al estar dividido en esta cosa que observa y esas cosas observadas, es en realidad dos mundos. De ese modo, si bien el científico-3 resuelve muchos problemas secundarios, también agrava el principal, que es el problema de la dualidad, la alienación del yo individual, su expulsión del no-yo, con todo el desasosiego y toda la angustia que eso conlleva[1].

La ciencia-3 cuenta con un conjunto de herramientas matemáticas sumamente complejas y elaboradas, mientras que la ciencia-1 tan solo dispone de una herramienta muy simple: el 0, yo mismo como Nada, como Cero, y no como número 1. Todo aquello que como científico-3 creía haberle sustraído al mundo, lo restauro ahora como científico-1, dejando *aquí* tan solo el Cero y restableciendo la Unidad *ahí*. Repitiendo el experimento del túnel (con mi propio rostro en el otro extremo usando un espejo, con la cara de otra persona, o el mundo tal como se presenta ahora mismo) me aseguro de hacer la suma correctamente. Mirando simultáneamente hacia fuera —a lo observado—, y hacia dentro —al observador—, en lugar de 1 <--> 2, 3, etc., lo que veo es 0 <--> 1, 2, 3, etc.

Esta es la fórmula idealmente precisa y absolutamente universal, la «expresión general para resolver problemas», no solo el problema básico de la dualidad, sino también, y como consecuencia, todos los demás. Sea cual sea el problema, ahora se encuentra en su totalidad ahí fuera (en el 1, 2, 3, etc.). No queda nada de él aquí (en el 0), y el acto de situarlo en el lugar que le corresponde constituye en sí mismo su solución radical. De hecho, la verdadera vida en Primera Persona no es más que poner a prueba continuamente esta fórmula de resolución de problemas. Los resultados indican que se confirma a sí misma cuando se somete a examen, pero nunca si nos limitamos a darla por sentada sin ponerla a prueba por nosotros mismos.

---

(1) Dile a la mente que no hay más que Uno. Quien divide al Uno deambula de muerte en muerte.

Katha Upanishad

Donde hay dos, hay miedo.

Brihadaranyaka Upanishad

5

La ciencia-1 se basa
en los sentidos

L A CIENCIA MODERNA COMENZÓ como una revuelta contra
el pensamiento y a favor de la observación; una revuelta
dirigida a ese intelectualismo medieval indisciplinado
que teorizaba sin cesar sobre las cosas sin detenerse a observar-
las con paciencia e imparcialidad. En última instancia, la cien-
cia-3 no apela a los conceptos sino a la percepción, y solo sobre
esta base tan firme y segura ha logrado alzar su imponente
superestructura (la cual ha acabado por empequeñecer y eclipsar hasta los diseños más especulativos de los eruditos medieva-
les). Sin embargo, la ciencia-3 está condenada a no poder
mostrarse nunca completamente humilde ante la evidencia. No
puede evitar teorizar. Y es que el científico está ciego cuando se
enfrenta a la naturaleza tal cual, en bruto, a menos que traiga
consigo una serie de ideas preconcebidas, cierta noción de qué
buscar, algún esquema que satisfacer, algún conjunto de cate-
gorías con las que estructurar lo que se presenta ante él, lo que
simplemente se da. Los datos observados tienen poca relevancia
hasta que no se relacionan con alguna teoría tentativa o alguna
especulación aún no verificada. En resumen, aunque en la
ciencia-3 la observación pura y desnuda es básica, no le basta,
ni de lejos, solo con eso.

En cambio, para la ciencia-1 la observación pura lo es todo.
Es imposible especular sobre el Vacío aquí presente, pensar
sobre él, hacer suposiciones, ni siquiera entenderlo; únicamente
se puede percibir. Pensar en él equivale a destruirlo, pues le
confiere contenido[1]. Así pues, esta es la metaciencia que, para
que funcione, jamás puede alejarse de su base sensorial, de su

firme fundamento de empirismo ultrarradical. Aquí el científico no puede ni siquiera vislumbrar su material de estudio (que es el científico mismo) mientras esté cegado por cualquier preconcepción, teoría, filosofía o dogma. Lo único que se necesita, lo único que se permite, es simple apertura, atención pura y desnuda. En consecuencia, sus hallazgos no están distorsionados, se dan tal cual, sin cocinar, sin elaborar, son autoevidentes, lo que equivale a decir que son verdaderamente científicos.

Podemos decir que, comparada con la ciencia-1, la ciencia-3 tiene una «discapacidad sensorial». Por ejemplo, aunque las estrellas y las galaxias se pueden ver (y, en ocasiones hasta escuchar), ciertamente no se pueden oler, saborear o tocar. Las partículas subatómicas ni siquiera se pueden ver. En cambio, lo que estudia la ciencia-1 es igualmente accesible para todos los sentidos. Su procedimiento no se basa únicamente en mirar en dos direcciones (desde aquí y hacia aquí), sino también en escuchar en dos direcciones, en saborear en dos direcciones, en oler en dos direcciones... Del mismo modo que ahora mismo *veo* una Nada aquí, frente a esta página y esta mano (es decir, veo una ausencia total de forma, estructura, límites, opacidad, color, movimiento), también *escucho* un Silencio a este lado de los sonidos que aparecen y desaparecen —los trinos de los pájaros, los ruidos de los coches, unos niños que gritan—. Igualmente, ahora no *huelo* aquí —afortunadamente— ni rastro de humo de tabaco, ni olores provenientes de la cocina o los desagües... *Todos* los sentidos iluminan esta Primera Persona como el *primer plano* inmutable e indispensable de todas las sensaciones siempre cambiantes. Cuando exploro a *los demás* hago lo mejor que puedo con los sentidos que estén disponibles, pero cuando me exploro *a mí mismo* los uso todos simultáneamente y a la perfección. ¿Acaso hay algo aquí que pudiese salir mal?

---

(1)   Los ignorantes rechazan lo que ven, no lo que piensan; los sabios rechazan lo que piensan, no lo que ven.

Huang-Po

Oh Señor, para mí eres completamente visible y tu sustancia se fusiona con mi naturaleza.

Simeón el nuevo teólogo

6

Los hallazgos de la ciencia-1 son indudables

ES MUY POSIBLE —de hecho, es necesario— que tenga dudas sobre lo que veo *ahí*. Estoy seguro de que ahora estoy viendo algo a lo que provisionalmente llamo «un punto de luz», pero no puedo estar seguro de qué es lo que presenta ese aspecto; probablemente se trate de una estrella, pero también podría ser una galaxia, un planeta, un ovni, un satélite, un globo meteorológico o una luciérnaga posada en la ventana. Incluso podría tratarse del producto de algún trastorno hepático. En cambio, me resulta imposible dudar de lo que veo *aquí*, es decir, la *Ausencia* de cualquier punto de luz, de cualquier color, forma o movimiento, de cualquier cosa en absoluto. En este caso la cuestión no es cómo interpreto lo que veo, ya que no hay nada que interpretar. El Vacío aquí presente es lo que es en sí mismo y no una apariencia de alguna otra cosa; no apunta a ninguna otra parte, no requiere explicación ni aclaración alguna. Lo que es visiblemente es lo que es en realidad. ¡Qué distinto de los datos que investiga el científico-3, datos que no son para nada lo que parecen! De hecho, su misión consiste en no tomarlos nunca tal como se presentan, sino cuestionarlos siempre y tratar de ver más allá de lo que le dicen los sentidos. Tan solo esta No-forma inmóvil e incolora, que es el propio investigador como Primera Persona, es totalmente indudable y está libre de toda problemática. El Uno que es sabe qué hacer con esta No-forma. La única «cosa» que podemos tomar tal como se presenta sin temor a equivocarnos es nuestra propia Nada sin rostro. Todo lo demás presenta al menos dos caras y, por su propia naturaleza, es engañoso[1].

(1)   Lo que yo llamo «perfección de visión» no es ver a los demás, sino verse a uno mismo.

CHUANG-TZU

Ver nuestra propia naturaleza es ver nuestra Nada. Ver nuestra Nada es el ver eterno y verdadero.

SHEN-HUI

7

Los resultados de la ciencia-1 son directos e inmediatos

OTRA DESVENTAJA DE LA CIENCIA-3 es que, puesto que el observador siempre se ubica a cierta distancia de su objeto de estudio, tiene que fiarse de terceros, de elementos intermediarios de dudoso carácter; de, por así decirlo, algún sistema de transporte falible, algún medio que, ciertamente, difiere mucho del mensaje original que trata de estudiar. Eso ocurre, por ejemplo, con la luz, ese intrincado sistema de movimientos de onda en el espacio, complicado aún más por la atmósfera, el vapor de agua, el polvo, las partículas ionizadas, etc., con el resultado de que lo que le llega al científico-3 es, en el mejor de los casos, una versión ajada y deteriorada del material original. ¿Cómo podríamos tener en cuenta todas y cada una de las cicatrices, de las marcas del viaje, de las distorsiones producidas por el vehículo de transporte? ¿Cómo inferir con precisión a partir de lo que se presenta aquí y ahora lo que había originalmente ahí hace una millonésima de segundo, o tal vez hace un millón de años? ¿Pueden de algún modo ser esas dos cosas *lo mismo*? Por supuesto que el científico-3 tiene en cuenta algunas de las distorsiones más graves producidas por el medio, pero está obligado a fiarse del significado general del mensaje tal como le llega. El medio ideal, la única protección real contra toda distorsión, sería que no hubiese ningún medio en absoluto, que el observador y lo observado coincidiesen, con lo que no quedaría ningún espacio para el error en la transmisión de la información del segundo al primero. Solo la ciencia-1, donde el objeto y el Sujeto se unifican, se ajusta a este ideal, o, cuando menos, se acerca a él[1].

(1)   ¿Quién repite el nombre del Buda? Deberíamos tratar de averiguar de dónde viene y qué es este «Quién».

Hsu-Yun

Amoroso y contemplativo, descansando en su propio Fundamento, no ve ni siente nada más que una Luz incomprensible; y a través de esa simple Desnudez que envuelve todas las cosas, se descubre a sí mismo, se siente a sí mismo, como nada más que la mismísima Luz con la que ve.

Ruysbroeck

Deja que el sujeto y el objeto se unan tan íntimamente que ni el viento pueda pasar entre ellos.

Wu-Men

8

La ciencia-1 nos desvela lo real

D E HECHO, *cualquier* distancia, *cualquier* medio que se
interponga entre el objeto y su observador, por muy
somero, claro o transparente que sea, hace mucho
más que refractar, distorsionar o nublar el objeto de estudio,
pues remodela por completo su realidad nativa y le confiere
una apariencia adquirida, lo transforma en algún efecto distante que poco o nada se parece a su causa. Esto implica que tú no
tienes dos rostros humanos —uno aparente que se presenta ante
mí aquí y que, por así decirlo, duplique a otro que tú tienes
ahí—, sino únicamente este rostro aparente, el que yo veo, el
que pierdo cuando me acerco a ti. Es evidente que tu realidad
no se parece en absoluto a tu apariencia. Y podemos verificar
que esto también es cierto para todas las cosas que nos rodean:
si las inspeccionamos de cerca, desaparecen. Y de hecho, a
diferencia del sentido común, la ciencia-3 no tiene reparos en
admitir que se ocupa de los fenómenos y no de los noúmenos,
de las apariencias regionales y no de su Realidad central, de
cómo son las cosas y no de *qué* son. Es la ciencia de lo relativo,
de cómo llegan las cosas al observador, cuya posición y cuyo
movimiento marcan por completo la diferencia. Es la ciencia de
lo que parece ser, de los hechizos infinitamente variados que la
distancia impone sobre la pura verdad.

En cambio, la ciencia-1 es la ciencia que rompe todos los
hechizos, la ciencia de lo que es, de lo Real, de Aquello *de lo que
provienen* todas las apariencias y de aquello *de lo que son* apariencias. El científico-1, sumamente cuidadoso a la hora de
escoger su material de estudio —el sujeto mismo—, solo examina aquello a lo que puede llegar por completo, aquello en lo que
puede sumergirse del todo y que tan bien e íntimamente cono-

ce, limitándose a tratar todo lo demás como algo inferior, dependiente, por debajo del estándar. En consecuencia, se toma a sí mismo muy en serio como la única muestra accesible de cómo son realmente las cosas, se toma en serio el Lugar que ocupa como el único lugar que en realidad ha visitado nunca, el único territorio que, para él, está libre de hechizos y espejismos. Aquí, por fin, todo es simple y directo, la apariencia y la Realidad se reducen a lo mismo, y lo que la escena parece ser es exactamente lo que es[1].

---

(1)   Ninguna otra época ha sabido tanto, tantas cosas diferentes sobre el hombre como la nuestra, pero, al mismo tiempo, ninguna otra ha sido más ignorante respecto a lo que el hombre es.

HEIDEGGER

Cuando hayas conseguido romper y destruir tu propia forma, habrás aprendido también a romper y destruir la forma de todo lo demás.

RUMI

Si me conociera a mí mismo tan íntimamente como debiera, tendría un conocimiento perfecto de todas las criaturas.

ECKHART

Cuando el Ser es visto, escuchado, pensado, conocido, todo es conocido.

Brihadaranyaka Upanishad

9

La ciencia-1 no interfiere

L A CIENCIA-3 NO SOLO RESULTA inadecuada para examinar la Realidad misma, sino también, aunque en menor medida para estudiar las apariencias de la Realidad. Esto se debe a que los descubrimientos de esta ciencia se hacen a expensas de los hechos, de los datos empíricos tal como se presentan. La manera que tiene de conocer su objeto de estudio es interferir con él, alterarlo. Así, por ejemplo, la presencia del científico social en un contexto social altera dicho contexto. Su evidente interés por el comportamiento de las personas hace que las personas modifiquen su comportamiento. Su propia personalidad y la forma en que formule sus preguntas tienen mucho que ver con las respuestas que obtiene. Por su parte, la única manera en que el biólogo puede hacerse una imagen clara de ciertas estructuras celulares es matar y teñir la célula, con lo que, al menos en parte, en realidad está estudiando su propio artefacto. Tampoco el físico escapa de esto, pues el único medio del que dispone para obtener información sobre ciertas partículas es hacer que choquen con otras partículas, alterando así la información misma que intenta conseguir.

Los fenómenos que estudia la ciencia-3 son, hasta cierto punto, necesariamente desconocidos, porque cualquier investigación exhaustiva de ellos implica ejercer cierta violencia sobre los fenómenos mismos. No es que la ciencia-3 use métodos burdos, torpes o poco delicados, sino que sus materiales de estudio resultan vagos, por así decirlo, son tímidos, volubles e inconstantes —como corresponde a los fenómenos—[1].

Ante esta situación, el único remedio consiste en abandonar lo poco fiable para centrarnos en lo fiable, pasar del objeto observado al sujeto observador, al laboratorio donde el científico y su objeto de estudio —el sujeto mismo— no se ponen la zancadilla el uno al otro, donde están tan unidos que no pueden dañarse entre sí y donde, en todo caso, no hay Nadie que pueda dañar ni Nada que pueda ser dañado[2]. Aquí y solo aquí hayamos el conocimiento no violento, lo que equivale a decir el conocimiento genuino. Aquí y solo aquí puede finalmente el científico analizar los datos puros, los datos vírgenes, la Realidad no manipulada, y descubre que dicha Realidad no es más que él mismo como la Primera Persona del singular, actuando así, por fin, de un modo verdadera y completamente científico.

---

(1)   El conocimiento del mundo es una forma de ignorancia.

RUMI

(2)   Cualquier cosa, por pequeña que sea, que se adhiera al alma, impedirá que me veas.

ECKHART

10

La ciencia-1 es objetiva

E N SU FORMA MÁS PURA, la ciencia-3 tiene como ideal la objetividad total. Su propósito es ser totalmente ecuánime y neutral, mantener una mentalidad abierta, examinar e interpretar toda la verdad de forma imparcial. Es evidente que en gran medida consigue lo que se propone, pero, al mismo tiempo, es inevitable que no logre del todo su objetivo, principalmente por cuatro razones. Primero (como ya hemos visto), el científico-3 solo se ocupa de las apariencias del objeto y no de la Realidad de la cual dichos objetos son apariencias. Segundo, se centra tan solo en una pequeña selección de la infinidad de apariencias que puede presentar un objeto y sencillamente ignora el resto. Tercero, las apariencias seleccionadas quedan (como también hemos visto) alteradas por las técnicas de observación que emplea, por lo que estas quedan, al menos parcialmente, falseadas. Y cuarto (y lo peor de todo), solo tiene en cuenta la mitad variable y más o menos inescrutable de cada exploración científica (es decir, lo observado), pero pasa por alto la mitad que se mantiene constante (el observador mismo como Primera Persona) que, como tal, es real y no una mera apariencia, y que, de hecho, es el único elemento fiable en la observación experimental.

Por el contrario, puesto que la ciencia-1 se ocupa de lo real, de lo que permanece constante, es totalmente realista y fiable. Por extraño que parezca, la ciencia que resulta ser completamente objetiva —lo que equivale a decir completamente científica— es la ciencia del Sujeto. Y no es que se trate de una objetividad restrictiva o hipotética que solo se pueda alcanzar ignorando los objetos. Al revés, la ciencia-1 reconoce y valora efusivamente (y, en cierto sentido, incluye) a la ciencia-3, ya que no solo tiene en cuenta a aquel que ve, sino también lo visto, no solo se ocupa de la Realidad central, sino también de la totalidad del nido formado por todas sus apariencias. Por decirlo de otro modo, la Vacuidad que ve está maravillosamente llena y de ninguna manera es un simple vacío. El Sujeto se descubre a sí mismo repleto de objetos, el Observador está lleno de lo observado, ambos son uno[1]. O, expresándolo de un tercer modo, mientras que el científico-3 se limita a mirar hacia fuera, el científico-1 mira simultáneamente hacia dentro y hacia fuera, hacia lo que está más cerca que cerca y lo que aparece a lo lejos, hacia Quien mira y hacia lo que se está mirando, y solo esta forma de mirar bidireccional es total y completamente objetiva.

Quienes han puesto a prueba esta forma de ver proclaman que, cuando se persiste en la visión bidireccional, el mundo externo parece mucho más real y vívido que cuando se ve por sí mismo, como si fuese lo único que existe, como si, de hecho, tuviese existencia independiente del Observador. Sin embargo, hemos de añadir que incluso esta forma iluminada de ver el mundo no supone el más mínimo perfeccionamiento de nuestro conocimiento del mundo, pues por su propia naturaleza solo es posible inspeccionar el mismo por partes y nunca de manera exhaustiva. Solo su Fuente se da por completo de una vez y se puede ver de forma no selectiva, con total objetividad[2].

---

(1)   Si el Alma permaneciese en nuestro interior, lo tendría todo.

ECKHART

(2)   Solo Dios se puede conocer perfectamente porque solo Dios es perfectamente simple.

SAN JUAN DE LA CRUZ

Los fenómenos son reales cuando se experimentan como el Ser, pero ilusorios cuando se ven como separados e independientes del Ser.

RAMANA MAHARSHI

11

La ciencia-1 es el descubrimiento de lo cognoscible

S OLO ES POSIBLE CONOCER lo sencillo, lo que carece de complejidad. En cuanto se introduce alguna complicación, directamente aparece la posibilidad —mejor dicho, la necesidad— de un retroceso infinito en el estudio, de una reinterpretación; cada nuevo avance (y, de hecho, cada nuevo pensador) implica la revaluación de lo que ya existe, y nadie llega nunca a decir la última palabra sobre ningún tema. Por otra parte, es obvio que cualquier objeto ordinario, como pueda ser mi mano o mi cara, es estrictamente inescrutable, ya que nos llevaría toda una vida realizar un examen exhaustivo de su textura, su configuración y su coloración (por no mencionar los muchos niveles de su estructura microscópica). Además, dicho estudio no podría seguir el ritmo de los estragos que el tiempo inflige continuamente al objeto. La naturaleza jamás se va a quedar lo suficientemente quieta como para que seamos capaces de sacarle una instantánea. Es demasiado elusiva como para que podamos amarrarla, demasiado abundante para poder meterla en una biblioteca o un laboratorio. A la ciencia-3 no le queda más remedio que simplificar muchísimo, reducir los datos, y contentarse con sacar a la luz algunas de las regularidades más significativas que estructuran la infinita variedad de la Naturaleza. Aun así, el esquemático y en gran medida simbólico universo de la ciencia-3, así como las regularidades o «leyes» que lo «gobiernan», siguen siendo extremadamente complicadas. Además, siempre está la cuestión de hasta qué punto estas «leyes» son descubrimientos válidos del científico o simples convenciones impuestas por él. Por último, siempre existe la certeza de que no sean definitivas.

La clase de conocimiento con el que trata la ciencia-1 es de un orden totalmente diferente, absoluto y no relativo, idealmente transparente, se da de una vez y es posible aprehenderlo perfectamente en un momento. En mi ingenuidad, me imagino que puedo ver lo que estoy mirando y no aquello desde lo que estoy mirando, que puedo ver mi cara ahí, en el espejo, y no la total ausencia de toda cara aquí, a este lado del túnel. La verdad inescapable es que *solo* puedo ver claramente, *solo* puedo conocer a fondo esta Simplicidad que se da aquí, donde no hay nada que la enturbie o la complique, nada que deba actualizarse, nada que tenga que relacionarse con esto o aquello. En pocas palabras, solo el conocimiento de nuestro propio Ser es verdadero conocimiento[1].

---

(1)   El conocimiento total constituye la esencia de la budeidad, pero eso no significa que el Buda conociese cada detalle individual, sino que comprendió el principio fundamental de la existencia y penetró profundamente en el Centro de su propio ser.

D. T. Suzuki

Si de algo se puede decir que es intrínsecamente incognoscible, es del hombre.

J. C. Bradley

12

La ciencia-1 se corrige a sí misma

L A CIENCIA-1 LLEVA INCORPORADO un inestimable dispositivo de seguridad o de autocorrección del que la ciencia-3 carece por completo. No es que *pueda* estar equivocado respecto del objeto que veo ahí fuera, sino que, en cierta medida, *tengo* que estarlo, pues el mero hecho de saber algo sobre él equivale a malinterpretarlo, a juzgarlo de manera equivocada. Y a la inversa, no es que sea *posible* que esté en lo cierto cuando analizo el Sujeto puro y desnudo que veo aquí, sino que *estoy obligado* a estar en lo cierto, ya que verlo en absoluto es verlo perfectamente tal como era, como es y como será por los siglos de los siglos, exactamente como lo han visto todos aquellos que se han detenido a mirarlo y como lo verán quienes así lo hagan en el futuro[1]. Puesto que Nada hay que ver, no puedo ver «media-Nada», ni verlo a medias. Se trata de un descubrimiento de todo o nada (o, mejor dicho, de «todo *y* Nada») que extirpa de raíz cualquier ansiedad o temor de que mi Iluminación sea más débil o tenue que la de los demás, menos madura o deficiente en algún aspecto. Ver esta Visión perfecta equivale a verla perfectamente, por lo que entre aquellos que disfrutan de ella no puede existir ninguna élite, ningún orden jerárquico, al menos no mientras dura la Visión. En este sentido, la ciencia-1 cumple por completo el ideal democrático e igualitario. A decir verdad esto supone una forma de autoprotección de toda clase de abuso: o funciona perfectamente o no funciona en absoluto. ¡Qué diferente de la ciencia-3 que, al carecer de dispositivos de seguridad integrados, siempre se sobrecalienta o amenaza con romperse! De hecho, cuanto más creativa es la ciencia-3 más propensa se muestra a caer en las dudas, las ansiedades, las rivalidades personales y, a menudo, en disputas amargas.

---

(1)   Si quieres saberlo todo, procura no saber nada.

SAN JUAN DE LA CRUZ

Limítate a no tener mente de ningún tipo. Esto se conoce como conocimiento no contaminado.

HUANG-PO

13

En la ciencia-1 es posible alcanzar un acuerdo

POR LO GENERAL, independientemente de cómo se haya llegado a ellos, los hallazgos de la ciencia-3 dejan pronto de estar sujetos a diferentes opiniones o acalorados debates. Si todo va bien, se presentan con tanta lucidez y se prueban con tanta facilidad que en todas partes los hombres razonables tienden a estar de acuerdo con ellos. Cualquiera que sea la nacionalidad, la tendencia política, la religión, la raza, la visión filosófica o el temperamento del científico, lo más probable es que acepte sin reparos gran parte de, por ejemplo, la física y la química y sus aplicaciones prácticas. Por otro lado, hay otros campos (la psicología y la sociología son casos notorios) en los que existen casi tantas escuelas de pensamiento como personas que se dedican a estas áreas del conocimiento, y prácticamente no hay principios que se acepten globalmente. La verdad es que sobre lo *observado*, sobre lo que aparece *ahí*, siempre hay espacio para alguna diferencia de opinión, de énfasis o de enfoque, y de hecho este amplio abanico de posibilidades es lo que permite la existencia de toda la vasta empresa de la ciencia-3.

En cambio, cuando se trata del *Observador* no puede haber ninguna diferencia de opinión, ya que no hay nada sobre lo que estar en desacuerdo[1]. El único tema (o, por así decirlo, el único sujeto de estudio) en el que todos han de estar de acuerdo es, precisamente, el Único Sujeto, la Primera Persona del singular en tiempo presente, en quien coincidimos plenamente porque, en ella, somos Uno. Esto constituye un maravilloso antídoto contra los horrores de un universo desconocido y ajeno, ya sea de ciencia ficción o de ciencia real. Por así decirlo, reúne en el Redil que es nuestro verdadero Hogar a todo el rebaño cósmico, a la manada cósmica. Es la reconciliación y la armonización universales. Por prehistórico, tosco y agreste que pueda parecer quien disfruta del hecho de ser la Primera Persona, o por el contrario, por muy avanzado y por delante de nosotros que esté en la historia evolutiva, por muy distante que se encuentre en el espacio sideral, por muy distinto al nuestro que sea su aspecto, por incompatible que sea su civilización, su religión y su ciencia-3 con la nuestra, todo descubrimiento y todo disfrute de esta Realidad perenne y universal sería el descubrimiento de exactamente lo mismo realizado por exactamente el mismo Descubridor, y no sería posible ni una sola sílaba de desacuerdo.

---

(1)   Como el cielo vacío, no tiene límites y, sin embargo, está justo aquí, siempre completamente profundo y claro.

Yung-Chia Hsuan-Chueh

En la esencia del alma no puede haber ni la más mínima mota de polvo.

Eckhart

14

La ciencia-1 es gratuita

L A CIENCIA-1 RECONCILIA a todos sus ejecutantes en todo el cosmos (¡sin importar cuántos ojos, antenas o piernas tengan o por qué parte del cuerpo les salgan esos órganos!), porque lo que cada uno de ellos ve que es coincide exactamente con lo que todos los demás ven que es y con lo que ellos mismos ven que son en realidad. La ciencia-1 es el descubrimiento de que, en última instancia, solo hay un Científico, y la Ciencia suprema es su propia visión, justo lo que ve en su interior.

Por el contrario, la ciencia-3 constituye una empresa costosa que requiere invertir en grandes cantidades de aparatos carísimos y edificios y servicios especiales que han de ser manejados por ejércitos de expertos altamente remunerados. E incluso así, los problemas son muchos y no se puede garantizar que tamaño esfuerzo se vea recompensado. Además, cuanto más fundamental es la investigación, más costosa suele ser. Para investigar las partículas «últimas» por un lado y las nebulosas espirales por el otro (es decir, para penetrar en lo más pequeño y en lo más grande) es necesario recurrir a equipos muy avanzados, técnicas muy sutiles y un pensamiento muy sofisticado. La barrera de la verdad se hace cada vez más difícil de penetrar.

Para romper dicha barrera, lo único que ha de hacer el científico-1 es ser él mismo, ser lo que verdaderamente es[1]. Ya está perfectamente equipado —por derecho de nacimiento— para terminar el trabajo tan laboriosa y costosamente perseguido por la ciencia-3, y para llegar de verdad a lo más pequeño y lo más grande. No necesita nada (o, dicho de otro modo, solo necesita la Nada), ni siquiera ese microscopio de infrarrojos tan perfecto, ni el túnel de papel, por barato y asequible que sea.

Para alcanzar la máxima profundidad y la máxima altura no necesita de ningún artilugio, pues jamás ha estado en ningún otro lugar. Solo llegar a lo remoto requiere tiempo y dinero y presenta dificultades.

---

(1)   Es como si en medio de nuestro ser hubiera un no-ser [...]. Los confucianos lo llaman el Centro del Vacío.

El secreto de la flor dorada

Cuando un hombre despierta, se derrite y perece.

RUMI

15

La ciencia-1 es simple

UNA VEZ MÁS, para llegar *casi* al corazón de las cosas, no solo necesito tiempo, dinero y equipamiento, sino también una capacidad intelectual inusual y un largo periodo de aprendizaje y capacitación, mientras que para llegar completamente aquí no necesito nada de eso, no me hace falta tener ninguna experiencia en absoluto. Al contrario, el único requisito es que deje caer todas mis aptitudes (que deje a un lado toda mi preparación, todos mis conocimientos y las habilidades que con tanto esfuerzo he adquirido) y me convierta en lo que soy intrínsecamente: perfectamente simple, un loco alegre y feliz. La sagacidad y el ingenio son precisamente lo que me impide ver cómo son las cosas aquí, lo que me impide ser yo mismo de un modo completamente natural. Así es que quien llega a cumplir el objetivo de la ciencia no es el sofisticado científico-3, sino el infantil e incluso atolondrado científico-1, pues es él quien se toma la molestia de percatarse de que ya está ahí presente. Esto significa que el hombre más ordinario, por ignorante e inexperto que sea, puede ser un científico excelente, el experto más eminente del mundo cuando se trata de lo que más importa. Lo único que ha de hacer es mirar[1].

(1)   A menos que os deis la vuelta y os volváis como niños pequeños, no entraréis en el reino de los cielos.

JESÚS

A Dios solo le ve la ceguera, solo le conoce la ignorancia, solo
le entienden los locos.

ECKHART

En ningún momento ve ni oye el sabio más de lo que ve y oye
un niño.

LAO-TZU

Nada puede ser más simple que Dios, ya sea en la realidad o
en nuestra forma de entenderlo.

SANTO TOMÁS DE AQUINO

16

La ciencia-1 no se especializa en nada

TRADICIONALMENTE, el auténtico filósofo-científico trataba de abarcar la totalidad del conocimiento de su tiempo, y hasta hace un siglo o dos en ocasiones este ideal estaba cerca de materializarse[1]. De hecho, si un científico es «alguien que sabe», cuanto más amplio sea su conocimiento, más científico será. Pero en ese caso, el progreso de la ciencia-3 ha supuesto la regresión del científico-3, que ya no puede pretender ser capaz de estar al día en mucho más que en el campo de especialización de su elección. El material disponible es tan vasto y aumenta a tal velocidad que ningún químico (pongamos por caso), biólogo o psicólogo tiene tiempo de leer toda la literatura que se publica periódicamente sobre su propio campo de especialización, ya no digamos para poner en práctica esos conocimientos en su desempeño diario. Prácticamente su única oportunidad de hacer un descubrimiento original consiste en limitar su atención a, por ejemplo, un tipo particular de molécula, organismo o enfermedad, o un trastorno psicológico o técnica terapéutica particular. El resultado es que, aunque la ciencia-3 existe en toda su magnífica variedad y complejidad, no existe como tal para un científico concreto. Por así decirlo, a estos el conocimiento les llega en pedazos que *es imposible reconstruir*. No existe nada parecido a una visión global. Estrictamente hablando, la ciencia-3 es incomprensible, y sus practicantes son cada vez menos científicos en el sentido original del término. Cuanto más éxito tiene el científico-3 en la exploración de los detalles, más falla en tener una visión de conjunto.

Por su parte, el científico-1 lleva la especialización a su límite máximo y, de este modo, la invierte. A diferencia del científico-3, no sabe cada vez más y más sobre cada vez menos y menos, sino que lo sabe todo sobre Nada. No corre el riesgo de sufrir de estrechez de miras porque su sujeto de estudio —el Sujeto— carece de límites; no se puede concentrar únicamente en una parte del mismo porque no tiene partes. Practicar la ciencia-1 supone practicarla por completo o no practicarla en absoluto. En resumen, la respuesta al problema de la especialización consiste en echar un nuevo vistazo al especialista, en verlo desde dentro. Siempre que no pierda contacto con él mismo, con su verdadero Yo, con el investigador cuya amplitud es infinita, podrá seguir restringiendo su atención al más concreto y pormenorizado de los proyectos de investigación de manera segura y complaciente.

---

(1)   En el mundo antiguo lo encontramos, por ejemplo, en Aristóteles, y en el mundo moderno en hombres como Descartes, Francis Bacon, Leibniz, Pascal, y Herbert Spencer.

17

La ciencia-1 no tiene problemas de comunicación

UNA DE LAS DEBILIDADES ESTRUCTURALES de la ciencia-3 es el hecho de que la acumulación de conocimiento implica la ruptura de los medios con los que se transmite; las comunicaciones internas tienden a agarrotarse, a anquilosarse. El especialista desconoce los muchos trabajos que se están llevando a cabo en otros campos (y que potencialmente podrían resultar relevantes para su propio campo) porque, además de carecer de las habilidades y el tiempo necesario para realizar una exploración amplia, tampoco conoce la jerga adecuada[1]. En la medida en que cada jurisdicción científica desarrolle su propio idioma, él dejará de tener la capacidad de entender plenamente su lenguaje y no podrá comunicarse con facilidad.

En cambio, la ciencia-1 no tiene ningún problema de comunicación interna. En este caso la información pasa intacta y sin distorsiones —pues aquí no hay nada que pudiera malograrse, nada que pudiera salir mal—. Cuando A señala el Vacío de B, si B lo ve, no puede verlo más que exactamente igual que como lo ve A. Y además, para este propósito las palabras resultan sorprendentemente apropiadas. El lenguaje que tan inadecuado resulta para los propósitos de la ciencia-3, demuestra ser maravillosamente adecuado para los de la ciencia-1. Además, está lleno de profundos indicios, de dobles sentidos como «(No) soy Nada, (no) tengo Nada, (no) quiero Nada, (no) sé Nada, (no) estoy obsesionado con Nada, (no) me baso en Nada, (no) creo en Nada, etc.»* Es como si la Nada hubiese creado el lenguaje para sí misma y las simples cosas que emanan de ella tuviesen que ingeniárselas para adaptarse a su configuración lingüística. Así, cuanto más hablo de mis pensamientos y sentimientos (y especialmente de mis experiencias espirituales o místicas) más probable es que se evaporen, hasta que al final todo queda falsificado y ya no sé de qué estoy hablando; mientras que cuanto más hablo del Lugar de donde provienen esos pensamientos y sentimientos más clara y consistentemente veo lo que quiero decir, más quiero decir lo que veo y más lúcidamente lo expreso. Esta Fuente nunca brilla más que cuando se la señalamos o se la hacemos notar a otra persona (aunque en realidad es Ella misma la que apunta o señala hacia sí misma), y entonces el lenguaje está en su mejor momento. Resulta sorprendente cómo el ver facilita el flujo verbal y la precisión (el propio Hablante sin lengua se escucha a sí mismo con una especie de asombro o fascinación), cómo propicia una calidad en las conversaciones ante la cual las relaciones sociales promedio parezcan una mera cadena de monólogos interrumpidos. Y, de hecho, parte de la literatura más grandiosa del mundo cuenta con una inspiración similar. No es casualidad que la poesía de Rumi y de san Juan de la Cruz, o la prosa de Eckhart y Traherne, sean preeminentes en sus respectivos idiomas; o que sea el propio Shakespeare quien compara al hombre con un simio enojado, pues «lo que más ignora es aquello de lo que está más

---

* *I am Nothing, have Nothing, want Nothing, know Nothing, am obsessed by Nothing, rely on Nothing, believe in Nothing* en el original inglés. Estas expresiones deben interpretarse en sentido literal como «Soy Nada, tengo nada, quiero Nada, sé Nada, estoy obsesionado con Nada, me baso en Nada, creo en Nada, etc.». Sin embargo, en español la estructura gramatical correcta para expresar estas ideas es la doble negación: «No soy Nada, no tengo nada...». Con el fin de no perder el sentido original positivo de estos enunciados y al mismo tiempo respetar la corrección gramatical, en la traducción se han transcrito con la partícula negativa *no* entre paréntesis. *(N. del T.)*

seguro, su esencia cristalina». Las palabras que emanan de la ausencia consciente de esa cabeza simiesca provienen directamente de la Esencia transparente, por lo que no es extraño que demuestren ser palabras llenas de poder, palabras aptas para señalar a su Orador sin boca. Solo los mensajes que provengan de ahí darán mucho que hablar[2].

En buena medida, la ciencia-1 no solo tiene un don especial con las palabras, sino también con las formas: posee su propia galería de diagramas espaciales o atlas de mapas que ayudan enormemente a la comunicación al mostrar en un solo golpe de vista lo que a las palabras les lleva un tiempo expresar. Así ocurre con nuestro mandala, nuestro patrón en forma de cebolla, que en esencia es un nido de círculos concéntricos dispuestos en torno a un centro. Dicho centro representa a la Primera Persona y los círculos vendrían a ser todo el sistema de sus apariencias regionales como tercera persona, de sus diversas manifestaciones tal y como la ven los observadores (cuya distancia determina el estado, humano o no humano, de lo que observan). Y lo mismo puede decirse de nuestra pirámide de totalidades y partes, con el Todo (o la Primera Persona como Todo) en su ápice, la «materia última» (o la Primera Persona como Nada) en su base y el hombre a medio camino entre ambos extremos.

APARIENCIAS DE LO REAL   PARTES DEL TODO

Aunque un mapa nunca puede sustituir al territorio, sí guarda cierto parecido con el mismo. En cuanto a las palabras, solo se puede decir lo mismo de onomatopeyas como ¡sssshh!, ¡clap!, ¡bzzzz! o ¡plaf!, pues el resto, que son la inmensa mayoría, no guardan ninguna relación con aquello que representan. La palabra *yo* no refleja la experiencia de «ser yo», no más de lo que la palabra «rojo» está teñida de rojo. Es claro y notorio que las palabras se convierten en sustitutos de su significado, algo que se torna trágicamente cierto cuando tratan de mi Primera Persona. Hablar, leer y escribir sobre «Quién soy» sin ver «Quién soy» es una ruta de escape muy usada para eludir «Quién soy». Unos pocos minutos dedicados a algún experimento que redirija mi atención al Lugar que ocupo (por ejemplo, atravesando nuestro túnel de papel) valen más que toda una vida dedicada a estudiar y a hablar centrífugamente sobre el tema. En un «laboratorio» o «taller» típico con, digamos, de diez a treinta participantes y con una duración de entre tres horas y varios días, podemos realizar un buen puñado de esos experimentos. Todos tienen un mismo objetivo: el descubrimiento siempre renovado, desde tantos ángulos como sea posible, de la Primera Persona del singular[3]. Cuando estos laboratorios cumplen su objetivo no hay ningún problema de comunicación, pues tampoco hay comunicadores separados e independientes. Y ciertamente tampoco se establece distinción alguna entre veedores[*] experimentados y principiantes. No hay enseñanza, sino únicamente el disfrute de nuestra identidad común: la Primera Persona del singular que despierta a la Primera Persona del singular[4].

---

[*] Por *veedor* el autor se refiere a quien ha visto su verdadera naturaleza. (*N. del T.*)

(1) La accidentada historia del descubrimiento del ADN pone de manifiesto las limitaciones de la comunicación entre disciplinas, así como las dificultades a las que ha de enfrentarse una ciencia fragmentada.

(2) De ahí la tendencia de quienes miran hacia dentro (y que resultan tan extraños, incluso perversos, para los demás) a explorar juntos sin descanso su Transparencia. Si bien no hay nada que decir, ¡hay que ver con qué pasión se entregan a su empeño, pues por fin cada uno de ellos ve en las infinitas profundidades del otro! Esta verdadera intimidad, esta conversación auténticamente sanadora, resulta indescriptiblemente satisfactoria porque en realidad aquí solo hay un único Orador y un único Oyente, y ambos son uno y lo mismo.

(3) La editorial de este libro puede facilitar a los interesados información detallada sobre estos laboratorios o talleres.

(4)   Solo en Dios puede un hombre encontrarse con otro.

GEORGE MACDONALD

18

La ciencia-1 demuestra
que el lenguaje sustenta la ilusión

EL LENGUAJE ES VENAL Y DESHONESTO. Cuando está al servicio de la verdad de la Primera Persona, apunta hacia la Primera Persona (este ensayo es una buena muestra de ello). En cambio, cuando está al servicio de las ficciones de la tercera persona, el sentido común y las conveniencias sociales, oculta a la Primera Persona bajo una gruesa cortina de humo verbal. Cabe esperar que así sea, pues el origen y el desarrollo del habla y la escritura, al igual que la propia historia de la raza y del individuo, coinciden con el origen y el desarrollo de la falsa ilusión básica de los humanos: el espejismo de que la Primera Persona no es real. El lenguaje contribuye en parte a este engaño, a esta especie de timo o de estafa que tanto su uso como su estructura fomentan en todos los sentidos. Por eso los sabios dicen que encontraremos la verdad cuando nos volvamos como niños pequeños que aún no han aprendido a hablar. ¡Y expresaron esa idea de mil maneras posibles, con gran elocuencia! En este capítulo también nosotros usaremos el lenguaje para exponer y corregir esta falacia fundamental.

(a) El lenguaje ignora a la Primera Persona.
Tomemos por ejemplo el enunciado «Jack ve a Jill». Parece tener sentido tal como está, no parece que le falte nada, pero en realidad está incompleto, es pura abstracción. Este enunciado nos impele a preguntarnos quién formula la declaración y por qué motivo. Corregido, el enunciado quedaría de este modo: «Yo veo (pienso/imagino/creo/supongo...) que Jack ve a Jill».

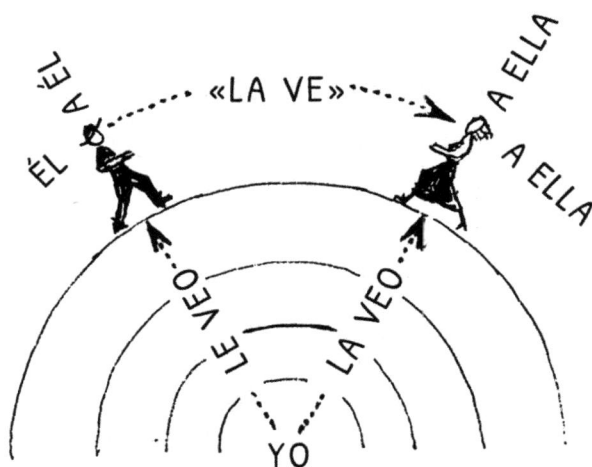

Y es que lo cierto es que la oración «Jack ve a Jill» no aparece en la nada, como colgando en un espacio vacío, sino que se ubica y encuentra acomodo en mi universo, en lo que yo llamo mi *región* o mi *capa de cebolla humana*. En este sentido, es una oración *circunferencial*, como si de un arco de punto se tratase. Como tal, lleva implícita la oración *radial* «Yo veo a...» que procede del Núcleo Central de la cebolla y tiende a —o se extiende hasta— esa otra capa de ahí fuera. La oración completa, «Yo veo que Jack ve a Jill» es simultáneamente circunferencial y radial, por lo que también tiene en cuenta la visión bidireccional de la ciencia-1.

Por su parte, la ciencia-3 se basa en una visión unilateral, en sentencias meramente circunferenciales como «Jack ve a Jill» que ignoran por completo su contrapartida radial —¡como si pudiera haber cabezas ahí sin una no-cabeza aquí, frases sin alguien que las pronuncie, ciencia sin científico!—. El embrujo del lenguaje lleva al científico-3 a descontar por completo a la Primera Persona y a imaginarse a sí mismo como una cosa pequeña, secundaria, accidental, solitaria y superflua arrojada en un universo extraño. En cambio, al haber despertado de esta pesadilla, el científico-1 se ve a sí mismo como Capacidad infinita para acoger el universo de las cosas, está repleto de todo su espacio-tiempo, es uno con todos sus habitantes y, por supuesto, indispensable.

(b) Con el artificio de la Primera Persona del plural el lenguaje convierte a la Primera Persona en una tercera persona.

El mayor truco de prestidigitación que nos hemos hecho a nosotros mismos es, precisamente, la palabra *nosotros*. No existe ninguna Primera Persona del plural. Solo puedo posicionarme razonablemente con Jack y Jill (convertirme en un bulto más) si soy como ellos, y lo cierto es que no me parezco ni remotamente a ellos. Jamás he tratado de atrapar a este famoso pero fabuloso monstruo mitológico llamado *nosotros*. Nunca he pasado de atisbar brevemente la punta de la cola de este híbrido imposible[1].

Cuando digo «Yo veo a Jack» y «Jack ve a Jill», asumo naturalmente que el verbo *ver* tiene el mismo significado en ambas oraciones, de modo que deformo y altero los hechos para adaptarlos al lenguaje. Yo *observo* que Jill es distinta de Jack, que se encuentra a una cierta distancia de él y que ambos se encuentran cara a cara en una relación simétrica. Pero luego extrapolo esta situación a mí mismo y me *imagino* que estoy en una situación similar, que soy distinto de Jill, que estoy a una cierta distancia de ella y que ambos guardamos una relación simétrica, cuando en realidad no es así en absoluto. Aquí *no* hay ninguna persona que observe, que sea distinta de Jill y se encuentre a una determinada distancia de ella; ella y yo estamos *cara a no-cara*, en una disposición que *no* es simétrica. Dado que usamos el mismo término con dos significados tan distintos, no es de extrañar que caiga en este engaño. Es normal que piense que debo ser *aquí* como Jack y Jill son *ahí*, que debo pertenecer a esa misma clase de «veedor» y estar llevando a cabo el mismo tipo de «visión».

Lo mismo ocurre con todos los verbos en general; secretamente, son dobles, están divididos por la mitad, obligados a tener significados opuestos. Veamos algunos ejemplos. «Nosotros tres —Jack, Jill y yo— estamos disfrutando de la sopa» en realidad significa: «La sopa está entrando en esas dos cabezas y no tiene ningún sabor y, al mismo tiempo, la sopa está entrando en esta No-cabeza en la que *sí* tiene sabor». «Vi a Jack caminando por el campo y le seguí» en realidad significa «Vi a Jack moviéndose por el campo, el cual se mostraba completamente indiferente a él. Y después vi que el campo se movía a través de mí, todo él, aunque cada cosa a una velocidad distinta: las nubes y las colinas despacio, los árboles y las casas algo más rápido, y las vallas que bordean la carretera aún más deprisa». «Jill mira a través de ese cristal azul y yo miro a través de este cristal rojo» en realidad significa: «La cara de Jill se vuelve azul; mi universo se vuelve rojo».

¡Qué manera de encubrir y ocultar la verdad! Las palabras pueden hacer que crea o que deje de creer cualquier cosa, pueden convencerme de que «veo» algo que no veo y que, en cambio, no veo lo que estoy viendo en realidad. ¡Solo veo lo que las palabras —esas pequeñas marcas sobre el papel, estos ruiditos tan peculiares— me permiten ver! El fatal don del lenguaje tiende terriblemente a despojarnos de la autenticidad, del corazón, de la esencia misma de nuestra vida. Al tragarse este veneno, la Primera Persona está condenada a convertirse en la tercera, lo que equivale a suicidarse.

(c) El lenguaje contamina a la Primera Persona con pensamientos y sentimientos.

Cuando me digo a mí mismo y a mis dos compañeros cosas como «(Yo) estoy preocupado», «(Yo) pienso», «(Yo) siento temor», «(Yo) estoy de acuerdo», «(Yo) amo», «(Yo) me encuentro en un cierto estado», etc., doy por hecho que estas oraciones están completas y deben significar algo, pero lo cierto es que están truncadas: esta vez es el Sujeto el que es despojado de su objeto, en lugar de al revés, pues implican que soy capaz de experimentar preocupación, pensamientos, miedo, amor, etc., aquí mismo por mí mismo, sin tener que referirme a ningún objeto de mi preocupación, mi pensamiento, mis temores, mi amor, etc. De este modo llego a creer que existe una especie de piscina o de pozo negro central de pensamientos y sentimientos que inunda y contamina mi claridad interior, un pantano subjetivo, un mundo interno congestionado estrictamente propio. Pero cuando presto atención a este Lugar y trato de experimentar aquí mismo preocupación, pensamientos, miedo, amor, etc., no experimento nada (es decir, experimento una Nada). Esas cosas solo se manifiestan cuando abandonan la Primera Persona *aquí*, se vierten en el mundo de la tercera persona *ahí* y se adhieren a sus objetos. Aquí, la Fuente de la experiencia permanece lúcida y perfectamente en calma, lo que emana de ella no la contamina en lo más mínimo. «(Yo) me preocupo por Jack», «(Yo) pienso en Jill», «(Yo) tengo un dolor en el pecho», y así sucesivamente, son, como todas las oraciones radiales, centrífugas, y nada regresa o revierte en la parte del «Yo» de estas frases. Por mucho que el lenguaje, con sus frases truncadas como «(Yo) me preocupo», «(Yo) siento dolor», «(Yo) me imagino», trate de convencerme de lo contrario, yo me veo a mí mismo totalmente libre, como pura conciencia en el Centro[2].

(d) El lenguaje también contamina a la tercera persona.

Así pues, el lenguaje me lanza un triple asalto: (1) trata de convencerme de que yo, como Primera Persona, soy superfluo, (2) de que soy un simple individuo en tercera persona y (3) de que esta cosa que soy está saturada de pensamientos y sentimientos. Sería sorprendente si tal amasijo de falsedades terminase ahí y, aunque estuviese equivocado sobre mí mismo, el lenguaje me permitiese estar en lo cierto respecto a los demás, pero lo cierto es que también contamina a las terceras personas. Cuando digo «Jill me ve (piensa en mí/le gusto/me critica...)», me resulta difícil no atribuirle conciencia a ella como tercera persona, a ese organismo opaco y provisto de cabeza. El lenguaje sugiere que detrás de esa superficie coloreada y móvil existe una especie de habitante fantasmal, un duende que me observa por las mirillas de esos dos ojillos, un pequeño pensador embutido dentro de esa cabeza y dedicado a la tarea de pensar en mí, de sopesarme y valorarme. Así, todos los rostros se vuelven demoníacos: estoy rodeado de estos objetos especiales que están tan hechizados, tan embrujados, tan supercomprimidos que apenas soporto mirarlos. Vivir en un universo así resulta extremadamente frustrante y angustioso, pues imposibilita el comportamiento distendido, abierto, amoroso y natural. El lenguaje se estructura en torno a la ficción de la existencia de conciencias separadas, una por cuerpo; conciencias separadas significa alienación y alienación significa desesperación. ¿Cómo podría haber dos tipos de conciencia: la mía, que es deliciosamente ilimitada, libre, sin obstáculos, inseparable de la Conciencia en general; y la de los demás, que desafortunadamente ha sido fragmentada en pedacitos que después se han introducido en una multitud de cajas diminutas[3]?

La conciencia nunca ha estado en esas cabezas de ahí, sino que esas cabezas y esas personas están en la Conciencia. No es una cosa que se pueda dividir y repartir entre otras cosas. Es la prerrogativa única, la Esencia ilimitada, de la Primera Persona del singular en tiempo presente, e imaginar que se encuentra ahí, como escondida o agazapada en las terceras personas como tales, es tan común como absurdo, y tan absurdo como angustiante.

(e) El lenguaje también contamina los objetos no humanos.
Tomemos la frase «Esos árboles son hermosos (saludables/útiles/interesantes...)». Aquí tenemos de nuevo una oración circunferencial que implica una radial, de modo que la oración completa sería «Veo (siento/pienso/creo...) que son hermosos, etc.». En la práctica, tengo la sensación de que cuando ignoro este componente radial —es decir, cuando caigo en la visión unidireccional y paso por alto a esta Primera Persona—, asumo inevitablemente que yo mismo soy una cosa aquí que se relaciona con otra cosa ahí. En lugar de contenerla, la confronto, me opongo a ella, devengo limitada por ella, quizá incluso la

perciba como una amenaza. Ciertamente, no me muestro abierto a esa cosa; soy incapaz de verla claramente, sin prejuicios, tal y como se da. En cambio, cuando me veo a mí mismo como Nada, como una No-cosa, como un No-algo lleno de esa cosa, me convierto en ella, la veo como realmente es. Cuando, seducido por el lenguaje, creo que estoy en el mundo, me vuelvo ciego al mundo. Pero cuando recupero la cordura y el sano juicio veo que el mundo está en mí, lo veo de verdad.

(f) Conclusión.
La ciencia-3 ha heredado el lenguaje del sentido común, que es el lenguaje de la fantasía. Constituye el arma más efectiva de la sociedad para suprimir a la siempre peligrosa Primera Persona. En consecuencia, una de las principales funciones prácticas de la ciencia-1 es revelar la duplicidad propia del lenguaje tal como lo usamos ahora y hacer uso de él, pero esta vez ya no en aras de anticuadas y caducas ficciones sociales, sino de la realidad tal y como se presenta, tal como se da. En lugar de ajustar los hechos al lenguaje, debería ser el lenguaje el que se ajustase a los hechos.

Usado adecuadamente, lo mismo que antes nos hacía caer en la ilusión y el engaño ahora nos ilumina. En este capítulo hemos utilizado el lenguaje para exponer sus propias ambigüedades, su duplicidad, y para restablecer lo que implica ser la Primera Persona. Como señalamos en el capítulo 17, en realidad el lenguaje es excepcionalmente adecuado para este propósito. Cuando opera al servicio de la ciencia-1 puede resultar tan honesto como corrupto ha demostrado ser cuando lo hace al servicio de la ciencia-3 y el sentido común.

(1)   Ninguna criatura puede pronunciar la palabra *sum*, 'yo soy'. Solo Dios goza de ese privilegio.

Eckhart

Estoy solo. Solo yo soy. Soy el *Brahman* supremo [...]. Tal es la firme convicción de los Mukta. Cualquier otra experiencia conduce a la esclavitud.

Devikalottara

(2)   Habiendo realizado su verdadero Ser como espacio, el Sabio, libre de todo apego y todo deseo, no se aferra a nada.

Sankara

(3)   Yo no habito donde habitan los demás, no voy donde van los otros. Esto no significa que me niegue a relacionarme con otras personas, sino que hay que diferenciar el blanco del negro.

Pai-Yun

Lo que experimentas con respecto a ti mismo no se transfiere por analogía a otros seres, y mucho menos a las cosas. Además, todas estas otras formas se experimentan directamente, desde el Origen.

Eugen Herrigel

19

La ciencia-1 jamás resulta aburrida

SERÍA NATURAL ESPERAR QUE una vez realizado y probado el descubrimiento básico de la ciencia-1 dejase de interesar. ¿Qué podría ser más aburrido que la visión del Vacío absoluto? Solo repetir esa visión una y otra vez implacablemente hasta que llene —o vacíe— nuestra vida por completo. Al menos los descubrimientos de la ciencia-3 ofrecen algo tangible a lo que hincarle el diente, al menos tienen algún contenido, aunque a menudo sea poco atractivo, precario, efímero y abstracto y rápidamente se torne mucho menos emocionante a medida que se difumina la excitación inicial que nos causa su descubrimiento.

Una de las paradojas que presenta el Vacío que hay aquí es que, si bien siempre es igual (siempre es el mismo Vacío), se vuelve más intrigante, más sorprendente, más maravilloso, más valioso cuanto más se percibe. Aquí y solo aquí la familiaridad genera respeto, dedicación, reverencia. No se trata de teoría sino de observación, de que cada uno observe por sí mismo. Cuando se toman por sí mismas, las cosas tarde o temprano siempre acaban volviéndose monótonas y aburridas; en cambio, la Nada de la que provienen nunca pierde ni un ápice de su lustre. Y la historia no acaba aquí, pues su sorprendente y feliz epílogo es que cuando se ven de la única manera en que realmente se pueden ver (desde su estación de Origen aquí), todas estas cosas emergentes, tan apagadas y desabridas por sí mismas, se empapan del resplandor de ese Origen, se impregnan del refrescante sabor de su Fuente, desprenden el aroma de su Tierra Natal, del País de la Claridad Eterna. De modo que mientras que la ciencia-3 suele conllevar una gran cantidad de trabajo duro, monótono, pesado y decepcionante, el trabajo de la ciencia-1 es simple, gratificante y fascinante. De hecho, más que trabajo es disfrute, gozo y descanso.

Y, por supuesto, resulta extremadamente apropiado que el Vacío nos fascine, que acrisole la obsesión que acaba con todas las obsesiones. Es cierto que no podría ser más simple, liso y llano, ¡pero hay que ver qué Llanura tan mágicamente ingeniosa! El espléndido caleidoscopio del universo irradia infinitamente a partir de esta luz blanca, todos los accesorios y todos los actores que entran y salen del escenario del mundo surgen de este sombrero de copa inframicroscópico. ¡Qué hermoso que esta maravillosa Cornucopia esté tan viva para sí misma, y qué conveniente y preciso que esa conciencia que, a través de mí, el Ser tiene de sí mismo, no palidezca jamás! Por el interés que sin duda merece, por su genuina y auténtica valía, ¿hay algo más en el mundo que pueda compararse con el Lugar del que proviene todo? En todo caso, si esta Primera Persona tuviese alguna queja, seguramente no sería que los productos de ahí fuera sean aburridos, sino que no resulten lo suficientemente aburridos y que tarden tanto en volverse monótonos para hacer que regresemos a su Productor Primario, que habita justo aquí[1].

---

(1)   Toda criatura visible o invisible es una teofanía, una apariencia de Dios.

ERIGENA

Descubrir que la Naturaleza Fundamental carece de cualidades supone un gran alivio y una tremenda alegría.

GAMPOPA

El Vacío funciona misteriosamente. La Vacuidad obra maravillas.

TE-SHAN

20

La ciencia-1 es desinteresada

EN EL MEJOR DE LOS CASOS, la ciencia-3 saca lo mejor de un hombre: humildad frente a la evidencia, reverencia ante la verdad por alarmante o improbable que pueda ser, paciencia y dedicación incansables y distanciamiento y neutralidad ante los resultados, tanto si estos suponen una ganancia como si suponen una pérdida[1]. Pero es evidente que en la práctica la ciencia-3 rara vez es tan desinteresada, y el científico-3 nunca lo es, pues tiene que mantener su trabajo y su reputación. Ha de pensar en su familia. Así pues, le corresponde a la ciencia-1 perfeccionar las virtudes de la ciencia-3. De hecho, la naturaleza misma de su material de estudio asegura que la ciencia-1 aborde sus investigaciones con un desprendimiento total, sin tener en cuenta para nada las posibles recompensas, ya sean estas materiales, psicológicas o espirituales (y sobre todo en este último caso, pues la barrera más efectiva para evitar la Iluminación es la religión misma, la codicia espiritual). Nada se puede sacar de la Nada. La ciencia-1 funciona solo mientras se preste atención (sin conceptos ni motivaciones ocultas —o, para el caso, cualquier motivación—) a los datos desnudos y absolutamente simples que aquí se muestran en toda su pobreza y que no ofrecen ninguna promesa de recompensa. No importa que, paradójicamente, esta Pobreza produzca una riqueza y abundancia infinitas. La Ausencia ha de aceptarse como tal, como ausencia, y no como la presencia de una mina de oro bien escondida. El oro brota —pero no se busca— a su debido momento y de formas impredecibles.

A diferencia de la ciencia-1, la ciencia-3 siempre ha de lidiar con el problema que supone tener que distribuir sus limitados recursos entre la investigación pura y sus aplicaciones prácticas.

No es sencillo reconciliar la verdad y la utilidad (es decir, la búsqueda desinteresada del conocimiento por un lado y, por otro, la explotación personal o social de ese conocimiento).

Por su parte, la ciencia-1 no tiene ese problema. Es ciencia pura, sin aditivos. De hecho, es la única disciplina en la que no se busca ningún provecho, ya sea para el propio científico, para su nación o para el mundo.

---

(1)   Cuando uno se detiene a admirar el majestuoso edificio de las ciencias físicas y se da cuenta de todo lo que ha hecho falta para llegar a él; cuando uno piensa en las vidas de miles de hombres virtuosos que se han sacrificado en la penosa labor de meramente establecer sus cimientos; cuando se recuerda la paciencia, la tenacidad, el abandono de las preferencias personales, la sumisión a las frías y displicentes leyes de los hechos externos que está incrustada en las mismísimas piedras y la argamasa de dichos cimientos; si se reflexiona sobre lo absolutamente impersonal que es esta magna y augusta obra... Entonces, ¡cuán vano y despreciable nos parecen hoy esos sentimentalistas que, con las emanaciones espirituales de su pequeño espíritu soñador, pretenden dirimir de una vez y para siempre los asuntos humanos!

WILLIAM JAMES

21

La ciencia-1 es fértil

U NO DE LOS RASGOS DISTINTIVOS de los descubrimientos de la ciencia-3 verdaderamente importantes es que trascienden su propio campo y se extienden a áreas del conocimiento vecinas, con lo que, por así decirlo, también las fertilizan. (El paradigma de esta diseminación es la idea de la evolución, que de la botánica y la zoología pasó rápidamente a la mayoría de las otras disciplinas, beneficiándolas enormemente). A primera vista, no parece que lo que la ciencia-1 descubre —el Vacío— tenga valor alguno para la ciencia-3, pero lo cierto es que la ciencia-3 tiene una inmensa deuda con la ciencia-1, incluyendo una de un tipo muy específico: la ciencia-3 se basa en las matemáticas, unas matemáticas que a su vez se basan en el concepto de cero o *sunya*, el cual no es más que el Vacío mismo, el cual constituye el objetivo de la meditación oriental. Los sabios indios transmitieron este conocimiento a los filósofos islámicos. ¿Y no es cierto que aquí en Occidente estamos empezando a descubrir entre los beneficios inesperados y no buscados que provienen de la experiencia de este mismo Vacío sin sentido (es decir, de la Primera Persona) todas las aventuras mentales, toda la fecundidad intelectual que razonablemente podríamos desear? Y más en concreto, ¿no hemos encontrado aquí la solución a los problemas perennes que la ciencia-3 y el sentido común se han planteado siempre pero jamás han logrado resolver? En este ensayo tan solo estamos rascando levemente la superficie de la inspiración que puede emanar del hecho de ser la Primera Persona de forma consciente.

Y no es de extrañar que mientras siga inventándome que aquí hay una obstrucción central (esta cabeza con forma de nuez, esta bola, esta especie de burbuja sólida y opaca que hace las veces de núcleo central de mi universo) no solo seré algo sólido, no solo mostraré un rostro duro e impenetrable, sino que también me habré vuelto denso y estrecho de miras, mi visión quedará bloqueada, mi comprensión se volverá borrosa y oscura, y mi imagen del mundo seguirá estando completamente distorsionada. Con un palo de ese calibre metido entre los radios de mi rueda, lo sorprendente es que mi carro, aunque a trompicones, funcione en absoluto. Y al contrario: cuando veo Aquello que real y verdaderamente hay aquí, disuelvo este bulto imaginario, y entonces cabe esperar que el universo, al ajustarse en torno a esta simple Claridad (o, mejor dicho, en su seno, dentro de ella), se ilumine y recobre su orden primigenio. Estar errado —y el mero hecho de tener cabeza equivale en sí mismo a estar errado— en lo concerniente a la realidad central de mi mundo supone equivocarme también respecto al resto. Esperar lo contrario (como si fuese posible estar cuerdo por fuera y loco por dentro) es como querer que un reloj funcione sin muelles, que un árbol florezca sin raíz o que una lámpara brille sin mecha o sin aceite). ¡Qué extraño que el único punto del universo que había pasado por alto sistemáticamente resulte ser el Punto que de verdad importa, el Fundamento más que sagrado que, precisamente, es la Solución de todos los problemas y la Fuente Primaria de toda la creación[1]!

Además, cuando la ciencia-1 resuelve viejos acertijos genera nuevos interrogantes interesantes que inspiran programas de investigación y descubrimiento en el campo objetivo de la ciencia-3, por lo que al menos en este sentido resulta sumamente fecunda. De este modo, pone sobre la mesa una serie de cuestiones que exigen ser investigadas mediante la utilización de los medios científicos ordinarios. Por ejemplo, se ha visto que cuando alguien contempla su Vacío su ritmo cardíaco tiende a ralentizarse, su respiración se vuelve más profunda y pausada (llegando a volverse a veces casi imperceptible), sus músculos se relajan, sus sentidos se agudizan, su rendimiento laboral aumenta tanto en cantidad como en calidad, muestra una mayor capacidad para mantener la concentración, se comunica con mayor facilidad con los demás y aspectos como la timidez y otros síntomas mórbidos se reducen (cuando no se eliminan por completo). Los encefalogramas han arrojado cierta evidencia de que los impulsos eléctricos del cerebro se modifican considerablemente. De muchas formas que aún están por explorar, el hecho de ver con claridad Eso que somos en el centro supone una enorme diferencia con respecto a lo que somos en la periferia. Así pues, podemos afirmar sin temor a equivocarnos que la maravillosa fertilidad de la ciencia-1 se extiende en gran medida a la ciencia-3.

Pero todo esto es una minucia comparado con el papel que la ciencia-1 desempeña como fuente de inspiración. En pocas palabras, el proceso es el siguiente. La ciencia y sus diversas aplicaciones tienen dos modos básicos de evolución que contrastan entre sí: o bien se da una sucesión progresiva de pequeños pasos, o bien, ocasionalmente, se produce un enorme avance puntual. Es decir, la ciencia avanza mediante mejoras graduales de las ideas y los dispositivos existentes alternando con la aparición de otras ideas y dispositivos totalmente novedosos que suponen un salto cualitativo. Por así decirlo, su pensamiento es principalmente gradual y poco sorprendente, *lineal*, pero ocasionalmente, en un golpe de inspiración, se vuelve repentino o *lateral*[2]. Por ejemplo, el desarrollo de los veleros a lo largo de miles de años, desde un pequeño bote de vela cuadrada con un solo mástil hasta las grandes goletas de cuatro mástiles, fue producto del pensamiento lineal, mientras que el salto que lleva del velero al barco de vapor, a un barco con propulsión de hélice o a un aerodeslizador, fue, en cada caso, producto del pensamiento lateral. La ciencia-3 se caracteriza por el pensamiento lineal; la ciencia-1 por el lateral, y nos hacen falta ambos tipos de pensamiento.

Para que lo nuevo pueda surgir, lo viejo ha de desaparecer, y la ciencia-1 es siempre nueva, siempre empieza de cero. Su especialidad, su sello distintivo, su alma, es precisamente la total apertura sin ideas preconcebidas, una apertura de la que es posible extraer ideas frescas e imprevisibles a partir de la Nada. Carece de laureles sobre los que dormirse, proposiciones que demostrar u opiniones que defender. De hecho, a diferencia de la ciencia-3, carece por completo de pasado. A este respecto, la ciencia-1 y la ciencia-3 no podrían ser más diferentes ni más complementarias. Una proporciona la inspiración, la otra la transpiración, y nadie puede permitirse el lujo de pasar sin ninguna de ellas.

---

(1)   La preciosa espada Vajra está justo aquí y su cometido es cortarme la cabeza.

TAI-HUI

¡Decapítate!

RUMI

Debes elegir una de estas dos cosas: o cortarte la cabeza o exiliarte [...]. Quien me ama pero ama más su cabeza, no me ama de verdad.

ATTAR

¡Qué maravilloso es el camino del amor, ahí donde se exalta al decapitado!

HAFIZ

(2) Estos términos tan útiles se los debemos a las obras de Edward De Bono.

22

El túnel: La ciencia-1
prueba mi inmortalidad

HOY EN DÍA, GRACIAS A las maravillas de los cuidados intensivos, cada vez hay más pacientes que casi han muerto (algunos incluso han sido declarados «clínicamente muertos») que vuelven a la vida y nos cuentan su experiencia. Sus relatos resultan ser sorprendentemente certeros y consistentes, y sus principales características son las siguientes. El paciente siente que se encuentra a una distancia de uno o dos metros sobre su cuerpo, observándolo y examinándolo con cierto desapego. Luego se ve impulsado a través de un túnel oscuro que le lleva hacia una Luz que refulge en el otro extremo. Al unirse a esa Luz, descubre que es incomparablemente brillante pero no resulta molesta o deslumbrante. Puede sentir que se fusiona con dicha Luz, la cual, lejos de ser meramente física, es más como una Entidad consciente y acogedora. Que el paciente reconozca esta Entidad como Dios, Cristo, o algún otro Ser Divino, o como la Luz de la Conciencia misma, depende, como es lógico, de sus creencias y expectativas. Finalmente, tras regresar a la vida y recuperarse, descubre que su miedo a la muerte se ha reducido en gran medida o ha desaparecido por completo.

Cada experiencia cercana a la muerte (ECM) puede presentar pequeñas variaciones o divergencias con respecto a este patrón general. No hay dos ECM iguales. Sin embargo, estos tres ingredientes principales —el distanciamiento, el túnel y la Luz al final del mismo— son lo suficientemente comunes como para considerarlos como la norma.

Sí, este gran cuerpo de evidencias en rápido crecimiento sobre el periodo previo a la muerte resulta, cuando menos, sumamente alentador. Solo un derrotista acérrimo, un aguafiestas consumado empeñado en la autodestrucción podría descartarlo como algo carente de interés. Sin embargo, lo cierto es que toda esa evidencia es indirecta, anecdótica, algo que solo es posible conocer de oídas, pero no de primera mano. A menos que anticipe su propio lecho de muerte perpetrando un serio intento de suicidio, el científico-3 no tiene forma de verificarla por sí mismo. E incluso si pudiera alcanzar deliberadamente su propia ECM y sobrevivir a la prueba, seguiría siendo una experiencia *cercana* a la muerte, y en esta cuestión errar el tiro por poco no es mejor que fallar por años luz de distancia. Aún seguiría sin disponer de ningún medio con el que saber cómo sería una experiencia *completa* de la muerte. No tendría forma de verificar si esta ECM tan ensalzada es algo más que una breve etapa de ensoñación, una mera fantasía de cumplimiento de nuestros deseos más profundos, o una última tregua en el camino hacia la desaparición total. A fin de cuentas, ninguno de estos pacientes moribundos ha muerto de verdad y ha regresado del otro lado de la muerte para contar su historia.

Así pues, no es de extrañar que el científico-3 se muestre reacio a aceptar las ECM como evidencia sobre la experiencia que el mismo tendrá en el momento de su muerte. Ciertamente, no se pueden tomar como prueba inequívoca de inmortalidad. Como científico, no puede tomarlas tan en serio como quizá le gustaría tomárselas en el ámbito personal y privado.

Aquí es donde la ciencia-1 viene al rescate llegando justo hasta la muerte y atravesándola. Y además, haciéndolo ahora mismo, en este momento, en medio de nuestra vida, mediante un experimento muy simple que cualquiera puede repetir en todo momento y lugar.

De hecho, lo que te pido es que repitas, ahora mismo, el experimento del túnel que te pedí que hicieses en el prólogo, solo que esta vez más a fondo.

Vuelve a abrir tu túnel así:

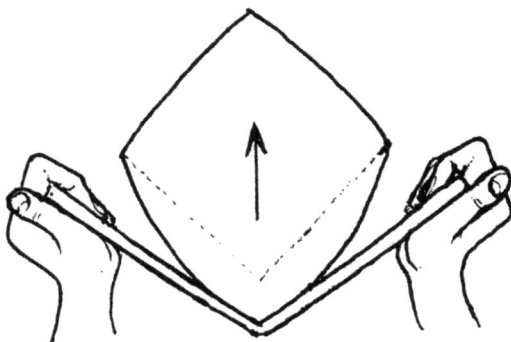

Pon tu cara en uno de sus extremos, apoya el otro contra el espejo del baño y *confía en lo que veas ahí.*

Observa que en uno de los extremos del túnel apareces tú mismo como tercera persona. Puedes ver claramente los ojos, la nariz, la boca, las mejillas, etc., todo lo cual pertenece a un ser humano absolutamente mortal. Hasta aquí todo es bastante normal, *no falta nada.* Ahora dirige la atención al otro extremo del túnel, ahí donde *falta todo,* a ti mismo como la Primera Persona que se muestra aquí como una Vacuidad Consciente, no como una vacuidad meramente vacía, sino llena hasta los topes, pura Capacidad desnuda con la que acoger esos rasgos humanos tan familiares. También como Capacidad para cualquier otra cosa mortal que se presente tanto dentro como fuera del túnel.

Es evidente que ahora tu lado del túnel es el extremo cercano en el que se produce la visión, mientras que el extremo más alejado es donde se encuentra lo visto. Y resulta igualmente obvio que aquí, en tu extremo del túnel, no hay nada para ti y tú mismo estás más muerto que una piedra. Justo aquí, como Primera Persona, careces absolutamente de todo, incluyendo la vida, la forma, la sustancia, el cambio y todas las cosas que pertenecen al tiempo. Y precisamente porque estás vacío *de* todo, estás vacío *para* todo. Te desvaneces conscientemente en favor de lo que sea que se ofrezca, lo que sea que esté presente.

Al morir a tu yo individual y vivir como todo lo demás, toda la vida es tuya, trasciendes la muerte y alcanzas la vida eterna.

Deja que lo exprese en términos más sencillos y menos paradójicos. Lo que pareces ser depende de la distancia a la que se encuentre tu observador, de modo que a una distancia de unos 40 cm, ahí, en el extremo más alejado del túnel, te muestras como un ser humano mortal, mientras que a una distancia de 0 centímetros, en tu extremo del túnel, te muestras como Nada, una Nada que no se parece en lo más mínimo ni a lo que aparece en el otro extremo ni a ninguna otra cosa.

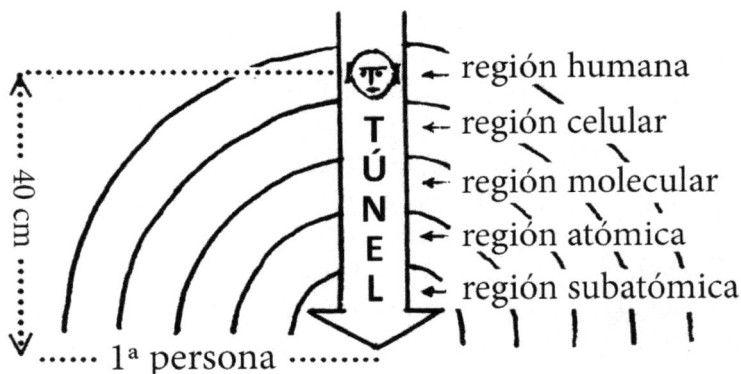

En cuanto a las zonas intermedias entre los 40 y 0 centímetros (regiones en las que tu apariencia es, respectivamente, celular, molecular, atómica y subatómica) nuestro túnel hace exactamente lo que hacen los túneles: las atraviesa sin contemplaciones y llega a la No-cosa que es consciente de sí misma y que las trasciende a todas; llega a la Realidad Central que está dando origen a todas esas apariencias regionales, a la Luz de la Conciencia que las está iluminando, a la Primera Persona del singular en tiempo Presente.

Lo que otros cuentan sobre el viaje que realizan a través del túnel de la Providencia para unirse a esa Luz inmortal, me *anima* a creer en mi propia inmortalidad, pero es mi propia historia, el viaje que realizo ahora por mí mismo a través de este otro túnel que conduce a la misma Luz, el que consolida dicha creencia al proporcionarle una base empírica firme. Tomados en conjunto, ambos relatos resultan convincentes. Podríamos decir que son complementarios. Aunque lo cierto es que nuestro túnel presenta algunas ventajas muy notables. A pesar de estar hecho de papel, su diseño es insuperable. Es mucho menos costoso, está mejor iluminado, es más silencioso —a menudo el túnel de las ECM está lleno de ruidos—, es totalmente indoloro y siempre que entramos en él nos lleva directos a la muerte (no aproximándonos, sino justo hasta ella) y nos hace emerger por el otro lado. Y por encima de todo, nos permite realizar el viaje más real y crucial de cuantos puede haber —el viaje de retorno a nuestra verdadera Casa— a voluntad, según lo requiera la ocasión, a nuestro propio ritmo y sin tener que sufrir las presiones y las ansiedades propias del lecho de muerte. Así que te conmino a que hagas los deberes (las tareas para Casa, literalmente) ahora mismo y de ese modo nada de esto te pillará por sorpresa; cuando te encuentres en el lecho de muerte estarás plenamente preparado para disfrutar al máximo de sus inigualables bendiciones. Realiza una y otra vez este viaje de regreso al lugar que en realidad jamás has abandonado y, citando a Rumi, «Ya no tendrás que temer por tu cuerpo, pues verás que jamás has estado ni un solo minuto en él, sino que siempre te encuentras en otro lugar. ¿Dónde estás tú y dónde tu cuerpo? Tú estás en un valle y el cuerpo está en otro. Este cuerpo es una gran impostura, una enorme trampa».

Como vemos, justo aquí se encuentra la Divina Luz que *soy* y que ilumina la cara que *tengo* ahí y que no es más que una de mis muchas caras. Tengo otras, quizá más agradables a la vista, ciertamente mucho más resplandecientes, probablemente mucho menos maltratadas y en todo caso igual de indispensables. Por ejemplo, si estiro mucho más la distancia a la que se encuentra el espejo (con un brazo verdaderamente telescópico) hasta situarlo en la Luna, ¿no es cierto que lo que veo desde ahí es mi rostro terrestre, mi semblante como la Tierra, blanco, azul y marrón, hermoso, siempre cambiante, ancestral, y no obstante avejentado y condenado a morir?

mi cara galáctica
mi cara solar
mi cara terrestre } como 3ª persona
mi cara humana
mi cara infrahumana

TÚNEL

yo como 1ª persona

Y, claro está, aquí no acaban ni la historia ni el túnel. Extendiendo mi brazo telescópico aún más, encuentro en su espejo mi cara solar, esa estrella rodeada de planetas, un sol sumamente atractivo, brillante y longevo, pero que, de nuevo, tampoco durará para siempre. Y todavía más allá está mi cara galáctica, esa especie de universo-isla en espiral, que, por supuesto, sigue siendo una cosa material, y con el tiempo suficiente todas las cosas materiales acaban pereciendo. Solo el Eterno, cuyas múltiples caras son todas estas apariencias, sobrevive a todas ellas. Como este Uno que soy yo mismo como Primera Persona, soy el corazón mismo de toda la materia, la vida y el alma de la fiesta cósmica, y todas sus caras resplandecientes son profundamente mías[1].

Nota histórica

Nuestro túnel de papel surgió de forma independiente en un taller de fin de semana celebrado en Toronto en 1971, algunos años antes de que leyera sobre las ECM en el libro del Dr. Moody *Life After Death* [La vida después de la muerte], publicado en 1975. Empezó siendo una bolsa de basura de papel con el fondo cortado. Desde entonces, mis amigos y yo hemos llevado túneles de papel por todo el mundo. Decenas de miles de personas han estado ahí metidas, han visto lo que perece en el otro extremo y han visto y sido, aunque solo fuese por unos instantes, lo que jamás puede morir en este extremo del túnel. Y, contra todo pronóstico, una parte relativamente pequeña pero significativa de ellas vive ahora conscientemente en y desde esa Luz eterna. De entre los aproximadamente veinticinco artilugios que hemos creado para desvelar la Luz, el túnel de papel ha demostrado ser el más eficaz y poderoso. Aún sigo averiguando a qué es debido. Como hemos visto, parece ser que el túnel es el escenario elegido por el Todopoderoso para revelarse a la hora de nuestra muerte. En ese caso, ¿qué espacio podría ser más apropiado que nuestra propia versión del mismo dispositivo para revelarse todos los días de nuestra vida?

Lo que está claro es que Dios no lo desprecia; que el Altísimo se digne a aparecer, no esta vez en un canal de parto y un pesebre, sino en una vieja y raída bolsa de basura canadiense, da testimonio tanto de su buen sentido del humor como de su humildad, su amorosa bondad y su misericordia. ¡El poder y la gloria del cielo son precisamente *esa clase* de poder, *ese tipo* de gloria! Dos páginas consecutivas de cualquiera de los miles de libros sobre teología y metafísica que llenan los anaqueles de la Biblioteca Británica, unidas con un poco de celofán de manera que formen un minitúnel, tienen mucho más que decirme sobre Él, sobre mí, sobre la naturaleza de la Realidad y sobre lo que son verdaderamente la vida y la muerte que la lectura de todos esos volúmenes.

(1)   Elimina [todo lo ajeno] y después mira. O dicho de otro
         modo, deja que el hombre se purifique primero a sí mismo y
         luego observe, pues de ese modo, cuando vea que él mismo ha
         entrado en lo Puro, en lo Intelectual, no dudará de su inmortali-
         dad. [...] ¿Hasta qué punto es posible desligarse del cuerpo? Des-
         ligarse simplemente significa que el alma se retira al lugar que le
         pertenece.

                                                            PLOTINO

         No puedes alcanzar el lugar en el que no hay nacimiento, ni
         envejecimiento, ni decadencia, ni desaparición, ni reaparición en
         otra parte con el renacimiento dirigiéndote a él. A un lugar así
         no se llega tratando de alcanzarlo.

                                                              BUDA

         El sabio deja que sean el cuerpo y la mente quienes se ocupen
         de la vida y la muerte.

                                                             DOGEN

         Todos deberíamos tener dos bolsillos, de manera que pudié-
         semos recurrir a uno u otro según las necesidades. En el bolsillo
         derecho deberían estar las palabras «El mundo fue creado para
         mí, para satisfacer mis necesidades», y en el izquierdo «Solo soy
         polvo y cenizas». [Traducido a nuestros propios términos, el bol-
         sillo derecho es la Luz que aparece en un extremo del túnel, y el
         bolsillo izquierdo es lo que aparece resplandecientemente en el
         otro extremo].

                                           RABÍ BUNUM DE PZHYSHA

23

La ciencia-1 me pone en contacto con el mundo externo

L A CIENCIA-3 NECESITA verdaderamente a la ciencia-1, pues tiende a meterse en enredos y complicaciones que solo esta puede aclarar. Un ejemplo destacado de esto es el problema de mi conocimiento del mundo exterior. Según la ciencia-3, ¿cómo es posible que ahora vea estas palabras, que escuche el roce y el crujido del papel al pasar las páginas, que sienta su suavidad y el calor de la habitación, que pueda oler esas flores o saborear esta taza de té? Reducida a lo esencial, la respuesta oficial es que la superficie de mi organismo está provista de una serie de receptores especializados sensibles a una amplia gama de movimientos ondulatorios y otros estímulos que inciden en dicha superficie, y que estos receptores (algunos están en los ojos, los oídos, la nariz y la lengua, otros se distribuyen por mi piel) traducen los estímulos externos en mensajes codificados que después se transmiten a través de fibras nerviosas hasta alcanzar cierta región de mi cerebro. Y únicamente experimento algo del mundo externo cuando estos mensajes convergentes llegan aquí, al punto final de su trayecto y no antes. Por consiguiente, lo único que conozco en realidad es un estado cerebral, el comportamiento que un conjunto de partículas produce en mi cabeza. Todo lo demás es inferencia, una remota posibilidad en la oscuridad.

Tal como la hemos presentado, esta historia no tiene ningún sentido. Para empezar, hace justo lo contrario de lo que pretende, ¡pues en realidad afirma que no puedo saber nada sobre el mundo externo! Es muy posible que lo que haya fuera de mi cabeza —suponiendo que exista una *cabeza* y un *fuera*— sea completamente diferente a lo que encuentro dentro. Y, en todo caso, tampoco tengo forma de saberlo. Por mucho que me parezca lo contrario, lo cierto es que estas palabras, esta página y esta mano, la cara que veo en el espejo, los amigos que me rodean, el mundo en sí, son un sueño privado. En segundo lugar, toda la explicación del científico-3 (su relato sobre ondas de luz que llegan del sol y ondas de sonido que viajan por la atmósfera terrestre, de ojos y oídos, fibras nerviosas, cerebro y todo lo demás) es en sí misma parte del sueño, y no hay nada que haga pensar que tenga que ser más válida que cualquier otra parte del mismo, pues a duras penas consigue abolir el mundo que percibimos dejando al mismo tiempo intactas esas porciones que —según él— nos permiten percibirlo! En tercer lugar, su explicación no solo se invalida a sí misma, sino que además es inverosímil. Sencillamente no puedo creer que este papel tan resplandecientemente blanco y esta mano ágil, estas flores primaverales con su delicioso aroma, este té y su sabor sutil, sean subproductos que aparecen en una especie de esfera orgánica o de lata de carne en conserva; o que mi gato, que parece estar ahí sentado a la luz del sol, en realidad esté sentado aquí, dentro de mi cabeza. En cuarto lugar, su versión de lo que ocurre ni siquiera trata de explicar de qué manera mi vasto mundo acaba estando encerrado en una minúscula porción del mismo sin que el primero se encoja o el segundo se hinche (lo cual sería sin duda una compresión más improbable y un truco más mágico que embutir a un hombre de un metro ochenta en una uña de su pie, una mansión en uno de sus ladrillos, o Inglaterra, con todo lo ancha y larga que es, en la columna de Nelson, y todo ello sin causar la menor lesión a ninguna de las partes). Así pues, se mire por donde se mire el relato de la ciencia-3 es demasiado absurdo para pasar siquiera como ciencia-ficción, y ciertamente demasiado fantástico como para que cualquier científico mínimamente serio pierda su tiempo en él (más allá de en el transcurso de su desempeño profesional). Comparado con este mito moderno, los de los hombres primitivos casi resultan eminentemente racionales. Y sin embargo —para completar mi pasmo y mi asombro—, ¡la ciencia-3 insiste en que su versión es verdad y que se confirma constantemente a diario en los quirófanos, los laboratorios y en cualquier otro lugar!

Lo que me cuenta la ciencia-1 es completamente diferente. Su explicación no solo es consistente y convincente por sí misma, sino que también le da sentido a la que defiende la ciencia-3. Y eso lo hace, como siempre, eliminando la confusión que existe entre la Primera Persona y la tercera. Su argumentación —que también es la mía propia—, el descubrimiento momento a momento de esta Primera Persona del singular, es que aquí no hay ningún ojo con el que ver las cosas, ni ningún oído con el que escuchar los sonidos, ni ninguna nariz o lengua con los que oler o saborear, ni tampoco ningún cerebro con el que recibir mensajes o pensar. En este instante, (no) hay Nada a este lado de estas palabras, de este papel, de estas manos, de esas flores, de ese gato; Nada que se ponga en su camino, Nada aquí con lo que registrar o procesar o pasar información sobre esas cosas. No hay nadie que vea, ningún ver, sino única y exclusivamente estas formas de colores en movimiento; ningún oyente, ningún oír, sino tan solo estos sonidos; nadie que huela, que saboree, que sienta, que experimente, que piense, sino nada más que estos olores, sabores y texturas, y estos pensamientos sobre ellos. Todo se da de inmediato, todo está simplemente presente, todo es exactamente como es, en el lugar que es, sin nada que interfiera. O, por expresarlo de otro modo, solo en la *Ausencia* de ojos, oídos, nariz, lengua, cerebro, tiene lugar lo visto, lo oído, lo olido, lo saboreado, y hasta la más mínima partícula o la más tenue sombra de un agente receptor aquí sería suficiente para borrarlo de un plumazo. Lo que llamamos *experiencia sensorial* no ocurre en un cuerpo finito, en una cosa local, sino en este Vacío infinito que soy yo mismo como Todo, en mí tal y como soy para mí mismo[1]. Así es como se presenta el universo, todo debidamente establecido en esta Primera Persona. Yo no vivo en el mundo; es el mundo el que vive en mí, pero no enjaulado en una cabeza, sino al aire libre, suelto, resplandeciente, enérgico, vital, exhibiendo sus colores, alardeando ruidosamente y manifestándose en este inmenso patio de juegos que yo le proporciono. De hecho, ahora ese centro imaginado ha desaparecido de mi vida y yo soy al mismo tiempo el patio de recreo y todos y todo lo que hay en él, el mundo entero tal como aparece. Entonces, ¿cómo podría tener algún problema para ponerme en contacto con él? Para la Primera Persona no existe ningún *mundo externo*.

Por el contrario, la tercera persona vive en el mundo, es una cosa pequeña rodeada por una cosa enorme, una menudencia fortificada y protegida contra él, y en consecuencia surge el muy importante problema de la comunicación entre ambos. Al investigar esta cuestión, el científico-3 construye su relato de estímulos que llegan del mundo exterior, todo lo cual es de perfecta aplicación para la tercera persona. Y es que no explica cómo *él* experimenta el mundo (como tercera persona, no lo hace), sino cómo se conecta con el mundo, una historia de cosas escrutables, de objetos y fenómenos, de eventos físicos que entran y salen, de cadenas causales de acontecimientos en las que no queda ningún espacio para algo tan irrelevante e inescrutable como la *conciencia* o el *conocimiento* de un mundo externo. Así, una vez rectificado, el relato de la ciencia-3 es tan consistente en teoría como indispensable en la práctica. Si bien resulta falso como descripción de cómo esta Primera Persona es consciente del mundo exterior, es cierto como descripción de cómo el mundo exterior modifica a esa tercera persona y cómo esta se ajusta él.

De modo que, una vez más, la ciencia-1 corrige a la ciencia-3 yendo un paso más allá, llevándola más allá de sí misma hasta su inevitable conclusión. La ciencia-3 trata de reducir mi vasto e inmenso mundo a algo que ocurre en mi cabeza, mientras que la ciencia-1 no se detiene ahí y reduce mi cabeza a Nada, una Nada que explota en la Vastedad. Y esta Vastedad está habitada por miríadas de terceras personas cuyas cabezas son exactamente eso, cabezas que no corren ningún peligro de tener el mundo embutido en ellas y, por lo tanto, constituyen objetos de estudio adecuados para la ciencia-3.

---

(1)   No hay más veedor que Él, nadie que escuche salvo Él, nadie que piense, nadie que sea consciente excepto Él.

Brihadaranyaka Upanishad

Solo el No-nacido ve y oye.

BANKEI

Solo Dios posee el don de ver, el don de oír.

AL-ARABI

Miro y escucho sin ojos ni oídos.

LIEH-TZU

24

La ciencia-1 es ultraescéptica

LA CIENCIA-3 ES UNA GRAN EXORCISTA que se dedica a desmitificar y desenmascarar falsedades, el implacable enemigo de las supersticiones y los miedos irracionales que acompañan a estas. Todo su progreso se ha ido ganando (a pesar de encontrarse con una oposición feroz) a costa de sacrificar esas creencias infundadas que no eran más que el sentido común de sus respectivas épocas, algo más obvio que sagrado. Han hecho falta muchos siglos para dejar atrás, por ejemplo, entidades místicas como los dioses que se mueven con las estrellas, los ángeles que supervisan los fenómenos naturales, la cosmocracia y sus leyes de la naturaleza, la gravedad y la levedad, el flogisto, los espíritus animales, la fuerza vital, etc., con el resultado de que ahora el universo de la ciencia-3 está relativamente libre de todos estos encantamientos.

O así ha sido comparativamente hablando, porque tampoco puede decirse que la ciencia-3 sea un exorcista cósmico en absoluto consistente. Es cierto que, en la medida en que la ciencia-3 es estrictamente científica, no tiene en cuenta entidades etéreas como la Vida, la Mente o la Conciencia, pero sus ramas menos exactas no pueden ignorarlas fácilmente. Y, en cualquier caso, queda la suposición subyacente, el credo que no se cuestiona ni se discute: «Creo en la existencia de otras mentes, en una pluralidad de espíritus o conciencias». Sea cual sea la actitud profesional que sostenga, la opinión privada del científico-3 es que cada una de las formas humanas con las que se encuentra tiene, como agazapada en su parte superior, un fantasma (o un elfo, un duende, un hada o un espectro de algún tipo) que le observa asomándose por esos dos pequeños ventanucos de una manera más o menos amenazante. A pesar de que para él el mundo ya está despoblado de espíritus y dioses que campen a sus anchas, estos espectros aprisionados siguen estando presentes y están cargados con todas las promesas y las amenazas —especialmente amenazas— que siempre han caracterizado a esta clase de entidades. De hecho considera que estos santuarios —las cabezas de las personas— están tan poseídos, son tan sobrenaturales, tan privilegiados y perturbadores que estas esferas peludas (curiosamente perforadas y recubiertas de una especie de goma) constituyen una clase muy especial de cosas que no hay que tratar en absoluto como cualquier otra masa ordinaria de materia. Muy bien puede ser que el científico-3 niegue considerar tal superstición, pero su reacción ante la presencia de estos objetos peculiares (que puede ir desde una leve perturbación hasta una aguda turbación) le delata. En particular, es probable que la mirada firme y clara de los niños pequeños y de los veedores (que ven como los niños) le resulte especialmente intolerable.

La ciencia-3 libra una batalla contra la superstición, mientras que la ciencia-1 la gana. Y lo hace exorcizando *todo* fantasma o duendecillo remanente del universo objetivo, y en particular esos que se resisten desesperadamente a desaparecer y que asaltan las cabezas de los seres humanos y algunos animales superiores. Cuando tiene frente a si la cara del extremo más alejado del túnel (o, para el caso, cualquier otra cara), el científico-1 es consciente de la total asimetría de esa disposición y se toma en serio lo que ve. En su extremo, lo único que aprecia es un Vacío (puedes llamarlo Mente, Conciencia, Espíritu, o como quieras) libre de materia y en el extremo opuesto su relleno de formas coloreadas que se mueven (puedes llamarlo materia, cuerpo, cosa, o como más te guste). Sea como fuere, el Vacío de aquí es inmaculado, simple, indivisible, no-dos, ilimitado, mientras que su relleno de ahí es todo lo contrario en todos los aspectos. Ambos extremos han de tomarse exactamente como se presentan, tal y como se dan: toda la «mente» del mundo está aquí y toda la «materia» está ahí, sin que haya ningún intercambio, ningún trasvase, ningún comercio, componenda o tira y afloja entre ambas partes. Esto no significa que niegue tu Vacío (o Conciencia), sino que yo solo lo veo aquí, a este lado —en mi lado— de tu cara, como mi propio Vacío y el de todos los demás seres. Y es que aquí hay Vacío en abundancia, más que suficiente para todos, y no es ningún tipo de objeto o de cosa, ni mucho menos la clase de cosa que podría cortarse, dividirse y repartirse entre distintos conglomerados de materia. Así pues, veo que *tu cara no es más que tu apariencia y yo no soy menos que tu Realidad*[1]. Si digo que esta Realidad es mi Rostro Original, debo agregar que también es el tuyo y el de todos.

Y lo cierto es que uno de los placeres imprevistos de la vida en Primera Persona es poder mirar sin temor ni vergüenza las caras de los amigos, sin sentir ni pensar que seamos nada en particular, y simplemente tomándolas por lo que siempre han sido: *cosas a las que mirar, pero nunca cosas desde las que mirar*. Esto no nos reduce a un estado apático y sin amor en el que tú quedes reducido a una mera silueta recortada en cartón. Todo lo contrario; es el más cándido y amoroso rechazo a separar mi Conciencia de la tuya, y eso elimina la última barrera que se interpone entre nosotros. Liberados de la superstición de la existencia de espíritus plurales, por fin somos realmente uno. Este es el amor perfecto que destruye el miedo(el miedo consustancial a vivir en un mundo embrujado y lleno de fantasmas).

De este modo el científico-1 le aporta al científico-3 su cédula real, su salvoconducto, su derecho a asumir sin temor ni vergüenza su postura conductista y materialista y dejar de sentirse mal por esos escurridizos duendecillos que para él son las mentes de los demás (o de dejar de tratar de encontrarles un hogar). La ciencia del objeto se puede permitir liberarse de la superstición de que exista ni la más mínima pizca de conciencia ahí porque la ciencia del Sujeto (con igual escepticismo) se ha liberado de la superstición de que exista ni la más mínima mota de materia aquí.

Pero este no es el final de la historia. El mayor mérito de la ciencia-1, la desmitificación o el exorcismo definitivo, es el exorcismo de esa entidad residual, del fantasma más acérrimo, persistente y engañoso de cuantos pueda haber: la Conciencia misma, concebida como un Espíritu enorme que absorbe una multitud insondable de diminutos duendecillos o espíritus menores, como un único Yo superior compuesto por todos los yoes individuales, como un Algo o un Alguien dotado de alguna clase de realidad objetiva. Aquí, las palabras dejan de ser válidas, pues hagan lo que hagan siempre objetivan al sujeto, lo cual, en este caso, es imposible. Lo mejor que podemos hacer es dejar de verbalizar y volver a mirar aquí, en nuestro extremo del túnel; darnos cuenta por nosotros mismos de que la verdadera Realidad no es real en absoluto en el sentido en que los objetos son reales, y guardar silencio.

---

(1)   Cuando te desprendas de tu cuerpo y tu mente, cuando los pierdas por completo, tu Rostro Original aparecerá claramente ante ti.

Zazen-Gi

Ninguno de los mil setecientos koans del zen tiene otro propósito que el de hacernos ver nuestro Rostro Original.

Daito-Kokushi

La luz de aquel que contempla su propio Rostro es más grande que la luz de las criaturas. Aunque muera, su visión es eterna porque es la visión del Creador.

Rumi

Todo perece excepto Su rostro.

El Corán

25

La ciencia-1 le da sentido al universo

EN LA MEDIDA EN QUE LA CIENCIA-3 es rigurosamente objetiva y fiel a sí misma, descarta como demasiado vaga, mística o mítica toda subjetividad, se enfrenta a un mundo sin sentido, una «concurrencia fortuita de átomos», un universo cerrado en el que todos los eventos están unidos en mutua interdependencia y en el que no queda ningún espacio para que la «mente», la «conciencia» o el «propósito» puedan siquiera insinuarse —ni mucho menos influir en el implacable tren de los sucesos meramente físicos—. En este universo, la vida es un accidente raro, breve e insignificante, y la mente (si es que se llega a reconocer en absoluto) se considera un simple subproducto de fuerzas ciegas, una especie de fosforescencia ocasional, un epifenómeno. En principio, todo se puede explicar sin la hipótesis de la conciencia.

Como acabamos de ver, este es precisamente el tipo de universo que el científico-3 podría descubrir, el que encaja con su visión. Así con todo, ser arrojado a un mundo así no resulta agradable, y la mayoría de los científicos (a menos que sean excepcionalmente honestos, excepcionalmente pesimistas, o ambas cosas) se limitan a hacer lo que hacen las personas comunes y corrientes: ignorarlo, o al menos lo sitúan a una cierta distancia calzándose diariamente sus batas blancas, y cuando están fuera de servicio se consuelan solazándose en escenas humanas mucho más cálidas y cercanas. Claro que hay que tomarse la ciencia-3 en serio, ¡pero no tanto! Sin embargo, las presunciones básicas de un hombre son importantes, y bajo la superficie crece el miedo y la desesperación que resulta de vivir en un universo que se muestra tan sumamente indiferente —cuando no activamente hostil— hacia todo lo que él aprecia. La enfermedad profesional que padece el científico-3 es la *universitis*: sufre una deficiencia en su cosmos.

En cambio, la ciencia-1 arregla dicha carencia. El universo en el que me encuentro es relevante y significativo en todo momento porque en realidad veo que es el universo el que está en mí y yo soy su significado. Este universo ocurre *en, a* y *desde* el Vacío que soy aquí y que me une con absolutamente todas las cosas[1]. En consecuencia, para mí, como Primera Persona, no existen meras terceras personas, ni cuerpos intrínsecamente opacos, ni objetos que no estén basados en el Vacío, por lo que no hay nada que no sea yo mismo. De este modo, el mundo no contiene un solo átomo que me sea ajeno, nada que deba asustarme y, de hecho, ninguna criatura de la que pueda prescindir o de la que pueda desentenderme. Esto no es una mera elucubración fantasiosa o una ilusión vana, sino simple visión honesta: es el realismo científico el que se niega a seguir fingiendo que la observación no necesita de un Observador, que el objeto no requiere de un Sujeto, que la tercera persona puede existir sin Primera Persona; y que se niega a seguir fingiendo que el científico, de algún modo inexplicable, ha salido del universo y lo está estudiando desde un misterioso limbo propio.

¡*Por supuesto* que mi universo carece de mente y de sentido si sigo pasando por alto esa prueba permanente que evidencia lo contrario: yo mismo como Primera Persona! ¡*Por supuesto* que seguirá estando muerto mientras insista en amputarme de su cuerpo y desangrarlo hasta la muerte! ¡*Por supuesto* que su juego de partículas será puramente accidental mientras continúe considerando como una excepción ese paquete de muestra que imagino aquí y que con tanto ahínco niega todo propósito y toda intención! ¡*Por supuesto* que el secreto de la Naturaleza seguirá estando oculto para mí si me considero a mí mismo como algo sobrenatural (o más bien antinatural) y no me digno a mirarla en el único Punto en el que se muestra totalmente abierta para su inspección: a este lado de mis gafas, en *este* extremo del telescopio o del microscopio! Si vivo en un universo mecánico que funciona como un reloj es porque estoy jugando a ser el científico-3 en lugar de ser el científico-1, ignorando así intencionalmente su característica más obvia y menos mecánica. Nadie está tan desesperadamente ciego que quien ha tomado la firme decisión de no abrir los ojos.

---

(1)   ¿Cómo podría contentarse con gobernar los cien clanes del mundo aquel que, si bien trata a las cosas como cosas, ve con total claridad que él mismo no es ninguna cosa? [...] Él es el único poseedor.

CHUANG-TZU

«¡Más, más!». Ese es el grito de un alma equivocada; menos que la Totalidad no puede satisfacer al hombre.

BLAKE

Los maestros zen están totalmente identificados con la Naturaleza.

D. T. SUZUKI

26

La ciencia-1 confirma el mundo

A PRIMERA VISTA, LA CIENCIA-3 considera al universo con la mayor veneración, mientras que ciencia-1 lo niega y lo desprecia —o incluso lo destruye—, ya que (en apariencia) descarta todas las cosas como manifestaciones espectrales, meras apariciones de la única Realidad que es Nada, Ninguna-Cosa. Sin embargo, en un escrutinio ulterior nos damos cuenta de que lo cierto es justo lo contrario. Ciertamente, la ciencia-3 empezó como era de esperar, purgando progresivamente a la naturaleza de todas las nociones mágicas, mostrándose humilde y honesta ante los hechos tal como aparecen en toda su intratable pulcritud y concreción, y en ningún sentido como la propia creación del científico. Y también es cierto que la ciencia-3 nunca ha repudiado oficialmente esta actitud respetuosa hacia la riqueza y la abundancia de la naturaleza. Sin embargo, el sistema de contradicciones que le es inherente asegura que en esto, una vez más, donde más exitosa se muestra sea también donde más rotundamente fracasa. El progreso de la ciencia-3 es la regresión de su universo, su empobrecimiento sistemático. Todas las cualidades de las cosas (no solo su belleza o su fealdad, el hecho de que sean encantadoras u odiosas, su vida y su mente, sino también sus sonidos, sus olores, sus sabores, sus colores y formas, su dureza y su suavidad, etc.,) se han ido trasladando sigilosamente, poco a poco y por partes a lo largo de los siglos, del objeto percibido de *ahí* hasta el sujeto perceptor de *aquí*. En lugar de ser objetivas, se han vuelto subjetivas, una reacción privada del observador en lugar de su descubrimiento público, su contribución personal al *corpus* (un *corpus* que se va volviendo cada vez más sombrío hasta que prácticamente desaparece). Al final, en el universo de la ciencia-3 no queda nada salvo el sustrato desnudo con su fútil juego de energías inescrutables; todo lo demás —el universo tal como se experimenta realmente— ha quedado embutido a presión en la cabeza del experimentador. ¡Eso sí que es negar el mundo! ¿Y qué podría ser más salvajemente sobrenatural —o más supersticioso— que meter este mundo inmenso, brillante, colorido, ruidoso, bullicioso e ingobernable en un paquete pulcramente embalado y echarlo a ese buzón de huesos de unos veinte centímetros de lado que es la cabeza, dejando el mundo que queda fuera del buzón como un mero desierto sin vida?

Por supuesto, era inevitable que tal concentración de cualidades se produjera. No hay nada de malo en esta inflación del observador a costa de lo observado, esta hazaña imposible de empacarlo todo en la cabeza, *siempre que nos aseguremos de examinar la cabeza desde dentro y verla como la «cabeza» de la Primera Persona*. Entonces descubrimos que, después de todo, es tan abierta y espaciosa como el mundo. De hecho, ¡es el mundo mismo[1]! Y así este mundo sigue estando decorado con todas esas cualidades y valores de los que aparentemente había sido despojado. Todo es como era, todos los colores, las formas y los sonidos, el significado y la belleza, la vida y la mente, permanecen en sus antiguas estaciones y el universo vuelve a ser de nuevo él mismo. En otras palabras, el científico-1 está en todo, en todas partes, es tan ancho como el ancho mundo, es ilimitado, es inseparable del Cosmos mismo. De este modo, sus ideas sobre las estrellas corresponden indudablemente a las estrellas de ahí arriba, y no a ninguna cabeza aquí. Por así decirlo, son siderales, no craneales. El color, el aroma y la sensación al tacto que nos produce una flor, junto con todos los pensamientos y sentimientos que el científico-1 tiene sobre ella, pertenecen a ahí fuera, a la flor misma; ya no le extirpa esas cualidades para inyectárselas con alguna especie de jeringa mágica en el cráneo. Siente la flor, no las puntas de los dedos; huele la flor, no la nariz —ni, ciertamente, su cerebro—. Todas las cosas son tal como aparecen en su gloria nativa, y solo él, la

Primera Persona, carece por completo de todo eso. De hecho, no tiene ninguna mente *propia*, ninguna experiencia personal o central, ninguna vida, ninguna sustancia, nada en absoluto que pueda pertenecer al hombre o a las cosas, ninguna cualidad de ningún tipo, sino solo Vacío, este infinito Vacío sin cabeza que está lleno hasta los topes con toda la creación. Lo que añora en sí mismo, lo recupera, con un inmenso interés añadido, en los demás. Al verse a sí mismo como Nada, está listo para disfrutar de Todo.

---

(1) Si la información que nos llega de los sentidos se encuentra literalmente dentro del cerebro, no nos queda más remedio que concluir que o bien estos datos o estas características son siempre más pequeñas que las cosas a las que pertenecen, o bien que nuestra cabeza es mucho más grande de lo que parece al tacto.

H. H. PRICE

Este sombrero de viaje puede parecer pequeño, pero cuando me lo pongo cubre todo el cosmos.

HUANG-PO

¿Cómo puede el mundo estar contenido en el barro del cuerpo?

RUMI

27

La ciencia-1 normaliza
los fenómenos «paranormales»

E<small>L LIENZO ESTRECHAMENTE ENTRETEJIDO</small> de la ciencia-3 muestra toda una serie de patrones y estampados maravillosos, pero sus bordes están deshilachados y tiene muchos agujeros y descosidos irregulares más allá de todo posible remiendo. Algunos de estos rotos son fenómenos tan intratables como la telepatía, la clarividencia, la clariaudición, la precognición, el recuerdo de vidas pasadas, la escritura automática, la psicometría, los lugares encantados habitados por espíritus, la posesión o las personas capaces de contactar con seres del más allá. Si asumimos que los supuestos básicos de la ciencia-3 son perfectamente válidos, esta clase de cosas no deberían suceder. Pero el hecho es que ocurren, lo que pone de manifiesto que en algún lugar de la misma ha de haber un error garrafal. Todo parece indicar que algo esencial no se ha tenido en cuenta. En cualquier caso, resulta evidente que la ciencia-3 no es capaz de abarcar y dar explicación a un espectro muy amplio de fenómenos y, en este sentido, no es científica. El papel de la ciencia-1 es mostrar estos aspectos bajo una nueva luz: la luz de la Primera Persona, una luz que ilumina y esclarece los así llamados fenómenos «paranormales».

Como ya hemos visto en el capítulo 23, la misma ciencia-3 prueba en su cuidadosa explicación circunstancial de cómo «experimenta el mundo» una tercera persona que como tal, como tercera persona, esta jamás podría llegar a hacer nada por el estilo; es demasiado sólida y demasiado pequeña como para poder «experimentar». A todas luces yo, la Primera Persona, soy el único que está lo suficientemente vacío y que es lo suficientemente grande como para realizar esa tarea. *Qué* experimento depende de muchos factores (del estado en que se encuentren mis capas física y química, mi cerebro, mi cuerpo, mi mundo y, en última instancia, la totalidad de las cosas que existen), pero el propio hecho *de que* experimente no depende de nada (o mejor dicho, depende de la Nada). La Conciencia es la función de —ella misma *es*— este Vacío ilimitado que mora en el mismísimo corazón de este mundo mío constituido por múltiples capas. Si me imagino ingenua e imprudentemente que un órgano sensorial o un cerebro no solo *condiciona* lo que percibo, sino que es capaz de percibir por sí mismo; si, en contra de toda la evidencia presente, supongo que ahora mis ojos se dedican activamente a leer, mis oídos a oír, mi lengua a saborear y mi cerebro a pensar, entonces por supuesto que creeré que me resultaría imposible ver, oír, saborear o pensar sin esos órganos sensoriales, y en ese caso o bien niego que la «percepción extrasensorial» sea real, o bien la descarto como «oculta» o la aparto en otra categoría considerándola «paranormal». En cambio si, más razonablemente, tomo mi propio caso como una muestra verdaderamente representativa y como mi única fuente de información interna, reconozco que las *cosas* no experimentan nada, que los ojos no ven, los oídos no oyen, las lenguas no saborean y los cerebros no piensan; que, en este sentido, *todo* ver se produce sin ojos, todo oír sin oídos, etc., y entonces desaparece el problema especial de la «percepción extrasensorial» o de lo «paranormal» en general[1].

Pero la superstición de que ciertas cosas están animadas está profundamente arraigada. Lo que nuestros ancestros primitivos y nuestro propio sentido común han asumido como cierto (y la ciencia-3 ha heredado sin demasiado sentido crítico y rara vez ha repudiado abiertamente, incluso en la actualidad) es que la conciencia es una sustancia sutil, una emanación o una energía cuasi-física que pertenece a ciertas porciones de materia muy especiales sobre las cuales se cierne, como, por ejemplo, los cerebros de los seres humanos. De esta superstición milenaria se desprende que existen tantas Primeras Personas como terce-

ras personas, tantas conciencias como «asientos de la conciencia», y que cada una de estas conciencias ocupa una región
limitada en el espacio y en el tiempo, como si fuera una especie
de gas mágico. La extensión de este campo espacio-temporal,
su forma, la naturaleza de sus límites (ya sean claros o difusos),
cómo aparece, evoluciona y decrece... Todas estas preguntas
incómodas son convenientemente ignoradas. El mero hecho de
formularlas equivale a exponer la falacia de la que emanan.

Por su parte, el científico-1, al prestar atención tanto a lo que
hay *en su extremo* del telescopio, microscopio, visor de cámara,
bolsa de papel o túnel, como a lo que aparece a lo lejos *en el
otro extremo*, se encuentra en condiciones de resolver estas
preguntas. Aquí (no) hay Nada en absoluto, solo una Capacidad tan amplia y no selectiva que no rechaza nada, una Vacuidad tan vacía que jamás podría distinguirse de ninguna otra
vacuidad, una Infinitud tan vasta que no hay en ella ni el más
mínimo indicio de limitación espacial o temporal, una Simple-
za tan simple que es inocente de todo número, de toda característica y toda función, una Mismidad que es siempre la misma
y que, sin embargo, es total y absolutamente consciente de todo
esto. Eso es lo que veo, lo que encuentro ahora en esta Primera
Persona del singular.

Así pues, lo que requiere una explicación no es por qué a veces «tu mente» y «mi mente» se superponen, se entremezclan e
incluso llegan a intercambiarse una por otra, sino por qué
deberían parecernos cosas separadas e independientes. El rom-
pecabezas está en los muchos, no en el Uno. No es de extrañar
que podamos comunicarnos telepáticamente si, como Primera
Persona, somos ese Uno. ¡Lo verdaderamente sorprendente es
que seamos capaces de cerrarle las puertas a la gran mayoría de
los pensamientos y los sentimientos de los demás! Claro que
puedo tener acceso a la experiencia de alguien muy alejado de
mí en el espacio o en el tiempo si, en realidad, no existe ninguna «otra persona» y todo tiempo y todo espacio están en mí. Y
nada tiene de raro que esas acumulaciones de experiencia a las
que llamamos *almas* o *espíritus* permanezcan ahí indefinida-

mente si, de hecho, todos ellos son un mismo Espíritu indestructible.

El universo, todo lo que es, pertenece a la Primera Persona[2]. Tanto en un sentido literal como figurativamente, la totalidad está «en la bolsa» —en ese extremo, lo manifestado; en este extremo el resto, lo no manifestado—. Eso implica que todas las cosas se clasifican en dos clases: las pocas cosas de *ahí*, que se muestran como el mundo siempre cambiante de la Primera Persona, y las innumerables cosas potenciales de *aquí*, escondidas en el Vacío que nunca cambia de la Primera Persona. Así, polarizado, todo queda explicado: o bien es lo que se está experimentando, o bien Aquello que está experimentando. Nada se pierde, nada falta. La Primera Persona es el mago que se guarda todos sus trucos bajo la manga y, al mismo tiempo, no para de mostrar trucos viejos y nuevos para, después, volver a guardárselos para otras ocasiones. Y todos sus trucos, desde recordar lo que hemos tomado en el desayuno hasta tener aventuras exóticas en otros mundos, son perfectamente milagrosos y paranormales al tiempo que perfectamente naturales y normales.

En consecuencia, potencialmente y en principio, todas las experiencias acaecidas (o por acaecer) en el espacio y en el tiempo, tanto las humanas como las no humanas, serían accesibles para esta Primera Persona aquí y ahora. Sin embargo, en la práctica, la realidad es que solo se nos presenta una reducida selección de aquellas experiencias que resultan más o menos relevantes para lo que estemos haciendo en cada momento. De lo contrario, sería imposible actuar apropiadamente, pues estaríamos completamente inundados, abrumados, inhibidos con una inimaginable cantidad de distracciones y de información inútil.

De hecho, ese peligro es real. Si resulta que soy una persona clarividente o «sensitiva», lo más probable es que me atosiguen constantemente las ideas, los estados de ánimo, los dolores, las enfermedades y los problemas interminables de los demás —como si realmente hubiera otros, yo frente a ellos, conciencias separadas ¡que, desgraciadamente, no están lo suficientemente separadas!—. El resultado puede ser que, por muy bienintencionado que sea mi propósito consciente, mis inusuales dones causen más daño que beneficio. Y en concreto, puesto que esta actitud de «yo y tú» (de estar «cara a cara», «conciencia a conciencia») es egoísta por naturaleza, hace que estemos centrados en nosotros mismos. El verdadero problema no es que esté demasiado abierto a la invasión, sino que no esté lo suficientemente abierto. Mi inmunidad contra las enfermedades de las que se ocupan la investigación y la práctica psíquica radica en que vea que yo, como Primera Persona, soy totalmente vulnerable *ahí*, donde estoy en constante desmantelamiento, pero totalmente invulnerable *aquí*, donde no hay nada que destruir. No puedo permitirme pasar por alto a esta Primera Persona. Esta visión bidireccional es lo único que garantiza mi seguridad, tal vez mi cordura, mi tranquilidad mental y mi efectividad en el ejercicio de estos dones especiales. Solo estoy plenamente capacitado para ayudar a quienes lo necesiten (sin apego, sin verme inundado, sin que la situación me sobrepase, sin depender de ningún resultado específico —de ningún resultado en absoluto— y sin tratar de conseguir poder, control o notoriedad) cuando yo soy esa gente porque, en mí mismo, (no) soy Nada en absoluto.

De este modo la ciencia-1 no solo tiene en cuenta, explica y normaliza lo «paranormal», sino que además nos protege contra los peligros que conlleva su estudio y su cultivo.

(1)   Ves esos ojos mirando, pero son como pinturas colgadas en la pared de una casa de baños: no ven.

RUMI

¿Cómo, a través de qué medios, percibe este cuerpo o esta mente? ¿Percibe con los ojos, con los oídos? [...] No. Es tu propia naturaleza, al ser esencialmente pura y estar completamente inmóvil, la que es capaz de realizar esta percepción.

HUI-HAI

Solo con lo invisible se puede ver lo visible.

ECKHART

(2)   Oh, el alma del mundo jamás podrá estar unida
a la mía hasta que lo que aparece fuera de mí,
como si siempre hubiese anhelado morar en mi interior,
no arda primorosamente dentro de mí.

RILKE

28

La ciencia-1 confluye
con el mundo natural

EL SENTIDO COMÚN HA INVENTADO (y la ciencia-3, que no es más que la sistematización del sentido común, ha heredado y desarrollado) un universo muy particular que presenta cuatro características principales: (i) Al carecer de un Centro en torno al cual organizarse, este universo es relativamente uniforme, heterogéneo y desestructurado, una especie de patata cósmica en lugar de una cebolla cósmica. (ii) Su espacio está constituido por tres dimensiones que gozan del mismo estatus, de modo que, por ejemplo, un cubo de 10 cm^3 tiene simultáneamente 10 cm de alto x 10 cm de ancho x 10 cm de fondo; su profundidad viene dada de la misma manera que su altura y su anchura, por lo que instantáneamente imaginamos —creemos ver— que tiene 6 caras. (iii) En este espacio tridimensional, las personas y las cosas se mantienen más o menos constantes, y las variaciones que se producen en la forma del cubo de 10 cm^3 (por ejemplo), o en el tamaño de una persona, se justifican sin más como variaciones en la distancia y orientación del observador. De ese modo, el sentido común concluye que cosas como un cubo de 2 caras o una persona del tamaño de un alfiler no existen. (iv) El observador mismo es un intruso accidental en este universo, el cual sigue siendo lo que es y continúa su propio camino independientemente de él (de su atención, de que esté mirando o deje de mirar, de que esté vivo o muerto). El observador no supone ninguna diferencia, por lo que igualmente podría no estar ahí y todo seguiría exactamente igual.

Es indudable que este universo artificial constituye una muy útil ayuda para vivir en el universo real. Sin él, la ciencia-3 y todos sus beneficios, así como todas las ficciones prácticas en base a las cuales vivimos (y que defendemos con uñas y dientes), jamás hubiesen podido aparecer. La civilización misma le debe todo —casi se podría decir que la civilización misma *es*— a esta ficción, la más básica y fundamental de las invenciones humanas. En todo caso, en este mundo inventado, en este universo diseñado, en este gran «Diagrama», solo pueden habitar otros diagramas, pero no personas reales. Es un sueño de ciencia-ficción del cual hemos de despertar, un mundo que tan solo resulta apto para las terceras personas y otras abstracciones, y que en realidad no es un mundo en absoluto sino un código, un conjunto de convenciones, un dispositivo cósmico que nos ahorra mucho trabajo y esfuerzo, un mapa con el que evitar o soslayar el mundo real.

Pero cuando confundo el mapa con el territorio me encuentro en serios problemas. Mi dilema, mi deshonestidad, mi engaño, no radica en que reconozca el cosmos artificial de la ciencia-3, sino en mi convicción de que realmente existe. Al pretender vivir en este mundo sombrío, antinatural e irreal, corro el peligro de volverme así yo mismo. Mi remedio es la práctica asidua de la ciencia-1, lo que incluye el descubrimiento del mundo natural, de la Naturaleza tal como se presenta y se entrega a mí; no desnaturalizada, retorcida, estirada y troceada para satisfacer la conveniencia de la sociedad, sino tal como es, como es dada; como dirían algunos, la Naturaleza revelada como el Paraíso del Loto[1].

Esto no es tan difícil como parece. Nadie se ha despertado un buen día encontrándose de buenas a primeras en el universo-patata de la ciencia-3, un universo del que uno mismo no es el Centro. Nadie *ha visto* jamás un mundo cuyos habitantes, automóviles y casas estuviesen o bien presentes y a tamaño natural, o bien ausentes y sin ningún tamaño (sin que entre ambos mediase ningún tamaño en absoluto); un mundo cuyas estrellas fuesen soles gigantes, un mundo cuyo sol no fuese un accesorio en el cielo, sino inmensamente más grande que la Luna e inmensamente caliente; un mundo cuya Tierra fuese una bola giratoria infestada de miríadas de pequeños hombrecillos que se aferran precariamente a su superficie con las suelas de sus zapatos; un mundo en el que cada una de estas personitas tuviese el universo entero encapsulado en su diminuta cabecita —por no mencionar al elfo, duende, hada o espectro que también vive ahí dentro—. La ironía es que nadie, ya estuviese dentro o fuera de un hospital psiquiátrico, ha creído nunca *realmente* en un universo-patata, ni siquiera —siendo totalmente honestos— en un universo-cebolla que tenga por núcleo central un bulto sólido de unos veinte centímetros coronado con una mata de pelo, en lugar de por la *ausencia* de tal cosa. Para vivir en el mundo natural, en el universo-1, solo me hace falta tener el coraje de defender firmemente mis convicciones; basta con que vea lo que creo y crea en lo que veo: que esta Primera Persona es el Centro vacío y el Contenedor lleno a rebosar con el mundo entero. La simple verdad se muestra accesible y completamente abierta, y en lo más profundo de mi corazón jamás he dudado de ella. Lo verdaderamente increíble es el universo-3, el mundo antinatural, el mundo de ciencia-ficción de la ciencia-3, ese cosmos meramente «físico» que ni siquiera podemos imaginar, ni mucho menos percibir, claramente.

(1)   ¿Qué es el paraíso? Todas las cosas que son.

Theologia Germanica

Este mismo lugar es el Paraíso del Loto.

HAKUIN

Deberíamos ser completamente ajenos a los pensamientos, costumbres y opiniones de los hombres del mundo, como si fuésemos niños pequeños.

TRAHERNE

29

La ciencia-1 nos depara infinitos descubrimientos

L A CIENCIA-1 APENAS HA EMPEZADO a delimitar —menos aún a explorar—, su propio campo inmenso, en el que no se necesitan habilidades ni aparatos especiales, sino únicamente humildad y honestidad ante los hechos. Las cuestiones que se plantea son simples y directas. ¿Cómo es realmente ser yo en este momento? ¿Cómo se presenta el mundo en este instante? ¿Qué control ejerzo sobre él exactamente? Si olvido o dejo a un lado lo que los demás me dicen, lo que imagino y lo que la sociedad con su sentido común y su ciencia-3 me dice que crea y me atrevo finalmente a mirar por mí mismo y tomarme en serio lo que vea, bueno, ¿qué es lo que descubro? Pues me encuentro sorpresa tras sorpresa, más allá de lo que pudiese imaginar en mis sueños más descabellados. *¡Veo que lo que creí que era cierto respecto al mundo y respecto a mí mismo no es más que una sarta de mentiras!*

Tomemos solo algunos ejemplos del ilimitado abanico disponible. Veo que yo aniquilo y vuelvo a crear el mundo a voluntad, mientras que *los demás* se limitan simplemente a cerrar y abrir los ojos[1]. Yo hago que el mundo calle; *los demás* solo se tapan las orejas. Yo hago que el mundo gire; *los demás* dan vueltas como peonzas[2]. Yo transmuto el mundo, convierto las piernas en hierba, la hierba en árboles, los árboles en colinas y las colinas en cielo; *los demás* tan solo se inclinan y se enderezan. Yo llego hasta las estrellas y pongo las constelaciones en movimiento; *los demás* vuelven el rostro hacia el cielo nocturno[3]. Las sillitas de juguete, las carreteras en forma de cuña, las casitas de muñecas, los túneles de las autopistas que parecen haber sido horadados por pequeños topitos...; todos se hinchan para acomodarse a mí y luego se reducen a nada cuando ya no los necesito; *los demás* están obligados a dilatarse o encogerse para adaptarse a los elementos de su entorno. Puedo convertir a voluntad una naranja en tres y viceversa, ver a través de una cuchara, dar la vuelta a una taza sin derramar su contenido, aplastar un plato sin tocarlo ni romperlo, pasar limpiamente por el ojo de una cerradura, trasladar montañas, darle vueltas a una casa. Puedo conferirle a cualquier persona o cualquier cosa el supremo honor de ser el punto focal, el propósito y el producto final del universo, o privarle de esa distinción al instante.

Así son los poderes de la Primera Persona del singular, las prerrogativas reales del Rey esquivo —el Rey que no desea saber que es rey—. Su reino, el universo de la Primera Persona, supera todo lo que había imaginado.

Ninguna distancia separa a este Rey de sus súbditos. Aparecen ante él en todos los tamaños, creciendo y encogiéndose en función de cuál sea su real mandato. Sus cualidades y su comportamiento se corresponden con su elasticidad. Así, los diminutos niños están en completo silencio y son prácticamente intangibles; los coches y los tigres, del tamaño de un garbanzo, se mueven lenta y pausadamente y no suponen peligro alguno (aunque es cierto que presentan una alarmante capacidad para aumentar de tamaño a una velocidad endiablada); las estrellas nunca son grandes ni están calientes ni se encuentran particularmente lejos; y el Sol es un disco brillante, más pequeño que un penique, que se desliza diariamente por el cielo, por encima de una tierra vasta, plana e inmóvil.

Y así sucesivamente. Ese es el mundo dado, el mundo tal y como se presenta. Jamás he descubierto en mi experiencia otro mundo distinto a este, ni mucho menos he establecido mi residencia en él. Tampoco me he visto nunca en un universo del que esta Primera Persona no fuese el monarca indiscutible. Al ver y comprender todo esto, recupero el buen juicio, entro en razón, despierto, vuelvo a ser verdaderamente yo mismo, me retrotraigo al punto en que hubo un error en la suma y vuelvo a calcular de nuevo a partir de ahí, regreso a la visión inocente y al mundo incorrupto del recién nacido y sus antepasados pre-humanos, aunque con una salvedad[4]: Ese infantil (en el sentido de inmaduro) pasar por alto mi propia presencia se ha convertido en la infantil (en el sentido de inocente, prístina y pura) visión de mi propia Ausencia; la mirada unidireccional ha dado paso a la visión bidireccional. Es el fin de la magia, de la superstición, de los miedos pueriles y primitivos, y también de las supersticiones y los miedos no tan pueriles.

¡Qué extraño que el único mundo *habitable* sea territorio prohibido para el adulto racional, y que cuando algún Colón o Livingstone ocasional se decide a explorarlo tentativamente este mundo le parezca tan extravagante, tan fantástico y caótico! Pero lo cierto es que no es en absoluto caótico, pues en él todo sucede de acuerdo a sus propias leyes verdaderamente naturales (leyes que, dicho sea de paso, a las criaturas no racionales no les resultan para nada confusas). Estas leyes habrán de ser codificadas en una nueva ciencia física —muy distinta de la de la ciencia-3— basada en los fenómenos tal como ellos mismos se disponen, y no como el hombre los reordena.

Esta rama de la ciencia-1 no es un extra opcional, poco más que un hermoso poema, un juego emocionante, una diversión inmensa —aunque ciertamente es todo eso y mucho más—. Si ciencia significa «descubrir cómo son las cosas», y si «descubrir cómo son las cosas» incluye «cómo se dan, cómo se presentan», entonces ignorar «cómo se dan» no sería proceder de manera científica y esa actitud no sería más excusable que cualquier otra superstición. Lo que está en juego es la curiosidad, la integridad intelectual, la honestidad ordinaria —por no mencionar las consecuencias psicológicas que conlleva suprimir los hechos y vivir en un mundo de fantasía—.

La Primera Persona tiene muchas y muy buenas razones para prestar atención a «cómo se dan las cosas». ¿Quién es esta Primera Persona? ¿De quién provienen estas cosas y a quién se le ofrecen? Cuando el Rey pierde el interés por el estado del reino y por cómo está siendo gobernado, vuelve a quedarse dormido y a caer en el sueño de ser uno de sus propios súbditos.

---

(1)   Cuando cierras los ojos al mundo, este queda abolido.

RUMI

(2)   El *Qutb* (el Eje Central) es Aquel en torno a quien giran los cielos.

RUMI

(3)   La distancia no es más que una fantasía.

BLAKE

(4)   Observa las cosas como son y no le prestes atención a lo que digan los demás.

HUANG-PO

30

La ciencia-1 es la religión más elevada

L A CIENCIA-3 LE DEBE MUCHO a la religión. De hecho, históricamente una de sus principales motivaciones fue descubrir la mente del Creador tal como se expresa en la Naturaleza, en su obra[1]. Sin embargo, la ciencia-3 se ha ido volviendo paulatinamente antirreligiosa y antiespiritual (cuando no intencionadamente, al menos sí en la práctica). ¿Cómo no iba a acabar derivando en eso, habida cuenta de que uno de los principios por los que se rige —y, de hecho, su misión— es apartar al Sujeto, al Yo, al Espíritu y dejarlo completamente fuera de escena? Claro está que algunos de sus mejores practicantes han sido hombres religiosos, pero esto solo fue posible cuando las ideas de su ciencia y su religión eran de tal condición que se podían mantener confinadas en compartimentos estrechos y perfectamente aislados. De lo contrario, uno u otro habría acabado por explotar. En esto, el precio a pagar por la fe es una cierta falta de integridad, un cierto grado de pensamiento contradictorio o de conflicto interno. El científico-3 como tal no es un hombre completo, pues está discapacitado a nivel espiritual. La religión tradicional tiene algunas buenas razones para sospechar de la ciencia y obstruir su progreso.

La ciencia-1, por otro lado, es tan profundamente religiosa o espiritual que sin ningún problema podríamos referirnos a ella también como la religión o la espiritualidad de la Primera Persona. Ten en cuenta, sin embargo, que la ciencia de la Primera Persona no es religiosa porque sea menos científica que la ciencia-3 o se niegue a llevar la duda demasiado lejos, sino porque es *más* científica, *más* inquisitiva, *más* intransigente, *más* escéptica y no acepta nada en absoluto como dogma de fe. O dicho a la inversa, ten en cuenta que la religión de la Primera

Persona no es científica porque sea *menos* religiosa que la ordinaria o *menos* dedicada a lo espiritual, sino porque lo es y mucho más que la religión común y corriente; porque, en realidad, no es sino la religión más elevada que puede existir. Y esto es decir bastante más que simplemente afirmar que la ciencia-1 es una empresa esencialmente religiosa. Se trata más bien de que es la religión espiritual misma, el auténtico meollo del asunto. Y no es que la ciencia-1 pueda prescindir de la ciencia-3. Al contrario, la ciencia-3 ha realizado el trabajo indispensable de preparar el terreno, desarraigando a lo largo de los siglos las anticuadas y obsoletas cosmogonías y cosmologías de la religión, sus enmarañadas malezas de mitos, dogmas y suposiciones precientíficas. Donde falla es a la hora de plantar algo nuevo en su lugar, por lo que lo único que deja a su paso es una mirada nostálgica hacia atrás, hacia la era de la fe y el significado cósmico, solo añoranza y un doloroso vacío. En cambio, la ciencia-1 extirpa el dolor y la angustia de ese vacío y deja solo el Vacío, que es la fuente primordial de toda religión verdaderamente espiritual.

---

(1)   El curso de la Naturaleza es el arte de Dios.

EDWARD YOUNG

Todas las cosas no son más que partes de una fantástica totalidad cuyo cuerpo es la Naturaleza y cuya alma es Dios.

ALEXANDER POPE

31

La ciencia-1 restaura el sentido de misterio

LA CIENCIA-3 NO ES COMPATIBLE con el misterio. Inevitablemente, cuanto más sabe el hombre, menos le asombra. El arco iris es una ilusión óptica, el trueno y el rayo una descarga de electricidad estática, la Madre Tierra un terruño y sus hijos pedazos de escoria planetaria. Ni el mismo hombre se libra cuando una y otra vez afirma que el origen del *Homo sapiens* se remonta a formas de vida progresivamente más y más simples de las cuales emergió. Y aunque ni tan siquiera la evolución consigue explicarle por completo, al menos hace que parezca bastante ordinario e inevitable. El hombre ha dejado de sentir asombro y admiración siquiera por sí mismo, lo cual supone una gran pérdida y una enorme ceguera[1].

El único modo de recuperar y perfeccionar el sentido de maravilla y fascinación del mundo primigenio es dejar de poner la atención en el mundo y girarnos hacia su Espectador. Uno podría pensar que la ciencia-3, con su indiscutible genio para descubrir nuevas maravillas en el universo, aumentaría nuestra admiración por él. O, a la inversa, que la ciencia-1, con su innegable genio por descubrir solo Vacío acabaría de cuajo con toda nuestra admiración. Pero no es así. Según mi propia experiencia, cuando centro mi atención principalmente en Aquel que está atendiendo aquí y solo incidentalmente en el mundo que tengo frente a mí, el mundo se torna de nuevo prodigioso en mi seno. Entonces la gran sorpresa, el hecho más asombroso de todos, no es *lo que* el Cosmos es, sino el propio hecho de *que sea*, de que exista (no los productos infinitamente variados que aparecen ahí, sino el simple Origen de los mismos que se muestra aquí)[2]. En todo caso, cuando comprendo y veo que proceden de Esto, los objetos se impregnan de su maravilla y todo deja de ser ordinario.

Es cierto que, en principio, la ciencia-3 explica los fenómenos refiriéndose a sus partes constituyentes, siguiendo un proceso descendente desde lo macroscópico a lo microscópico y desde lo microscópico al Sustrato físico supremo que constituye también el misterio último. Pero nunca es capaz de llegar justo ahí. El Sustrato (que es el Vacío) no se alcanza y el misterio se pierde. Solo el científico-1, al girar su atención 180° (usando, por ejemplo, ese perfecto «microscopio ultraelectrónico»: el túnel de papel) puede completar la historia y ver realmente que el origen y el fundamento mismo de los fenómenos está en el Vacío y, en consecuencia, en el Misterio mismo. ¿Y qué es en el fondo esta ciencia de la Primera Persona sino el Misterio disfrutándose a sí mismo como algo infinitamente incomprensible, su perfecto conocimiento de sí mismo como perfectamente incognoscible? «¡Contra todo pronóstico —proclama a voz en grito— existo! Sin ayuda ni espectador alguno he logrado lo increíble, lo imposible. Solo Yo me origino a Mí mismo, solo Yo me hago realidad a Mí mismo. No debería haber nada en absoluto. No hay razón para que Yo sea, para que exista. ¡Pero aquí estoy! Después de esto, nada es imposible, ¡todo lo que hago es un juego de niños, y la creación de mil millones de universos es pan comido!».

Experimentar esto no es, por así decirlo, hacerse eco del «Asombro Divino», sino participar de lo real y deleitarse con ello. Es incomparable[3].

(1)   Es de una ceguera extraordinaria vivir sin investigar lo que somos.

PASCAL

Resulta sumamente cómico entenderlo todo salvo a uno mismo.

KIERKEGAARD

El conocimiento de nosotros mismos es nuestra belleza; en la ignorancia de lo que somos nos volvemos horribles.

PLOTINO

(2)   Lo verdaderamente místico no es cómo surgen las cosas en el mundo, sino el propio hecho de que el mundo exista.

WITTGENSTEIN

(3)   Él se ha dado existencia a sí mismo, Él ha originado su propio Ser.

PLOTINO

32

La ciencia-1 trasciende el tiempo

U NO DE LOS ASPECTOS QUE MÁS ponen de manifiesto la validez de la ciencia-3 es el alcance y la precisión de sus predicciones, desde el pronóstico del tiempo o el momento preciso en que se producen los eclipses o pasan los cometas, hasta la trayectoria que sigue una bala sometida al efecto de un fuerte viento o la programación minuciosamente detallada de un lanzamiento a la luna. Es evidente que la ciencia-1 no puede competir ni de lejos con esto. ¿Acaso la práctica de verme aquí, en el Centro del mundo, puede decirme algo sobre el futuro del mismo? ¿Cuenta la ciencia-1 con algún almanaque secreto o alguna bola de cristal propia?

Ciertamente no puede decirme nada sobre el futuro de los demás, de los que están *ahí* —de eso se ocupa la ciencia-3—, pero me dice todo sobre el futuro (y el pasado) *de mí mismo aquí*, de esta Realidad cristalina tan distinta de sus turbias y empañadas apariencias, esta Realidad que en realidad es la Realidad de todos, esta Verdad Interna que en verdad es la Verdad Interna de todos. La ciencia-1 se ocupa de sus propios asuntos: solo hace una única predicción, pero esa predicción lo abarca todo, es absolutamente precisa, simple, final, definitiva, eternamente válida en el tiempo, porque lo que le compete es *qué son* las cosas y no *qué parecen ser*. Y lo que son siempre es lo mismo[1]. Esta Raíz, esta Sencillez, este Núcleo o Mismidad es eternamente idéntica en todos los seres, su sempiterno Hogar, su Simplicidad Perenne. Está presente en ellos no solo como el regusto de su Origen común y el anticipo de su Destino común, sino como ese Origen y ese Destino unidos y siempre presentes como su propio Ser. Ver esto (limitarse a comprenderlo intelectualmente no sirve de nada) es ver a través del tiempo y alcanzar, en este momento, la eternidad. Y esta predicción final es la realización del Descanso y la Paz en el Corazón común de todas las criaturas[2].

La alternativa es una ansiedad que se vuelve progresivamente más aguda cuanto más abarca; la ansiedad que acompaña a la inteligencia, la responsabilidad y el conocimiento crecientes (en resumidas cuentas, la ansiedad que aumenta a medida que consideramos rangos temporales mayores). Cuanto más lejos ve el científico-3, más problemas encuentra: sus propias enfermedades, sus capacidades menguantes, su vejez y su muerte; el exceso de población global que conduce a la generalización del hambre y la desnutrición; el empeoramiento de los conflictos raciales y religiosos, la acumulación de la contaminación creciente y el agotamiento de los recursos naturales de la Tierra; el eventual agotamiento del sol, que conllevará la lenta muerte de la Tierra; la entropía o la desaparición del calor de la propia galaxia... Los detalles particulares de la historia pueden variar, pero el final siempre es el mismo: todo perece, y esta destrucción constituye una desgracia aún mayor, si cabe, por el hecho de haber sido prevista. Nuevamente, el científico-3 tiene demasiado éxito en su empresa y, al mismo tiempo, no llega a acertar lo suficiente. Por así decirlo, está dolorosamente atrapado en el tiempo, entre los dos polos del «ningún-tiempo» y el «todo-tiempo».

¿Qué debemos hacer entonces? Incapaces de regresar al estrecho y preciso rango temporal propio de los (comparativamente despreocupados) niños, el único remedio que nos queda es avanzar hacia el rango temporal infinito propio del sabio, que está totalmente despreocupado porque ve que lo que él mismo es ahora está más allá de la vida, de la muerte y de todo cambio. Aunque todas las cosas perecen, la No-cosa permanece. Las apariencias son inevitablemente fugaces, pero no la Realidad de la que son apariencias, el Misterio del que surgen continuamente. ¿Qué son para este Abismo inagotable unos pocos millones de galaxias más o menos? Así es que todo se reduce una vez más a la pregunta crucial de mi verdadera identidad. Si insisto en hacer de mí mismo un objeto, una cosa, una tercera persona aquí, estoy condenado a verme consumido por mil miedos y mejor estaría muerto. En cambio, si abandono este hábito tan ingrato y poco realista y vuelvo a mi auténtico Yo, si regreso a mi verdadero Ser, veo que jamás he emergido de ese maravilloso Abismo, que antes de que Abraham fuese, yo soy, antes de la primera galaxia, antes del primer átomo, antes del tiempo mismo. Justo aquí y justo ahora, en el mismísimo Lugar del que emanan todas estas tormentas y todos estos cambios, yo estoy en Casa, completamente seco y a salvo de las inclemencias del tiempo. ¿Acaso existe algún «lugar» mejor que este Refugio Seguro?

---

(1)   Todo lo que tiene forma, sonido o color se puede clasificar como algo propio de la cabeza, pero podemos alcanzar un estado carente de forma y, de ese modo, vencer a la muerte. ¿Cómo podrían compararse las simples cosas con lo que está en posesión de lo eterno?

CHUANG-TZU

(2)   Mientras que el hombre tenga tiempo y lugar, número y cantidad, no será como debiera ser, no será un hombre cabal.

ECKHART

33

La ciencia-1 controla el entorno

D E ENTRE TODOS LOS ASPECTOS que dan fe de la valía de la ciencia-3, el principal es su maravillosa habilidad, no solo para predecir eventos, sino para alterar el curso de los mismos y para cambiar el mundo. Si a la larga damos por buenos todos sus fracasos e inconvenientes, la existencia de la ciencia-3 supone una gran diferencia, pues obra maravillas, remodela por completo el entorno del hombre. ¿Cuenta la ciencia-1 con algo comparable a esto, algún beneficio tangible que pueda hablar en su favor?

Bueno, está claro que no hay ninguna esperanza —ni ningún peligro— de que aporte ventajas materiales a los logros que ya ha conseguido la ciencia-3. Su cometido es bastante distinto, y no es que sus resultados signifiquen alguna diferencia, algún beneficio para este pequeñísimo rincón del universo, sino que suponen una diferencia total en todos los aspectos. Todo cambia de forma radical cuando vemos simultáneamente a Aquel que ve (cosa a No-cosa). Es verdad que en cierto sentido nada cambia: el cielo no se vuelve de pronto mucho más azul o grisáceo, algunas personas siguen siendo menos agradables que otras, el viento gélido sigue soplando a través de mí. De hecho, me doy cuenta de que me vuelvo mucho más realista, y no menos, respecto a lo que considero bueno, malo o indiferente; respecto a lo bello, lo feo o lo neutral. Sin embargo, en otro sentido mucho más importante, todo cambia, y no solo para mejor, sino que en realidad se torna absolutamente perfecto. Esto se debe a que ya nada está fuera de mí, nada me es ajeno y, por lo tanto, ya no constituye una amenaza ni potencial ni real, sino que emana de mí, está en mí, es mío, es profundamente Yo y, en consecuencia, plenamente aceptable, e incluso, en última instancia, intencionado —mi propia intención—. En términos religiosos, mi sincera y total aceptación de la voluntad de Dios (que se expresa en cómo son las cosas) es la alineación y la confluencia de mi voluntad con la suya, hasta que llega un momento en que lo que Dios quiere es lo que yo quiero y mi total impotencia y rendición pasa a ser lo mismo que su total omnipotencia[1]. Esta paradoja no es más que engañarse a uno mismo, cuando no un absoluto sinsentido, hasta que no se prueba realmente. No es algo que haya que aceptar sin más confiando en que sea cierto, sino para comprobarlo por uno mismo mediante la práctica sincera y sostenida de mirar en dos direcciones, de observar simultáneamente lo visto y a Aquel que ve y, después, *fijarse en qué le sucede a lo visto.* Quienes han llevado a cabo a fondo este test afirman que uno de sus efectos es que el entorno vuelve a estar bajo control y la Tierra se restaura por completo hasta convertirse en el mismísimo Cielo.

---

(1)   La santidad consiste en querer lo que nos sucede por voluntad de Dios. Si pudiésemos llegar a entender cómo ver en todo momento la manifestación de la voluntad de Dios, también encontraríamos en ello todo lo que nuestro corazón podría desear.

De Caussade

Si tu voluntad es distinta a la de Dios, serán otros quienes tengan autoridad sobre ti.

Rabbi Nahman De Bratzlav

34

La ciencia-1 es
eminentemente práctica

BUENO, SE PODRÍA ARGUMENTAR que la ciencia-3 al menos es práctica en términos ordinarios, en el sentido mundano de la palabra. Sabe cómo lidiar con un golpe en el motor, con un brote de peste porcina o un sinfín de otros problemas respecto de los cuales la ciencia-1 no tiene nada que decir.

Resulta obvio que así es, pero, de todos modos, si por *práctico* se entiende «que altera las cosas para el beneficio de los seres humanos», entonces muchas veces la ciencia-3 resulta ciertamente muy poco práctica. Todos sus beneficios parecen conllevar siempre algún perjuicio, alguna contrapartida o aspecto negativo: enormes costes no presupuestados, efectos secundarios imprevistos y recargos que reducen o incluso liquidan el saldo de la cuenta bancaria. Así, los inventos mecánicos difícilmente pueden seguir complementando o reemplazando las habilidades humanas y, aun así, dejarlas intactas; los antibióticos fomentan la rápida proliferación de cepas de microorganismos resistentes a los antibióticos; y luego está el célebre caso del exceso de población resultante del control de enfermedades epidémicas, de la generalización de la atención médica y la implementación de mejores técnicas médicas, junto con las medidas de higiene modernas, los esfuerzos por paliar la hambruna, etc. ¿Qué podría ser menos admirablemente «práctico» que el resultado producido, si la supervivencia de millones de personas que de otro modo habrían sucumbido conduce a una mayor escasez de alimentos, miseria y enfermedades? Del mismo modo, está claro que cosas como el control de plagas, los herbicidas selectivos, los fertilizantes inorgánicos y la agricultura científica en general, aunque notablemente «prácticos», no son en absoluto puras bendiciones, y sus devastadores efectos a largo plazo resultan incalculables. Lo mismo podría decirse de cualquier avance técnico importante. Cuanto más rápido progresa la ciencia-3, más numerosas y afiladas son las espadas de Damocles que se ciernen sobre la cabeza del hombre. Esto puede ayudar a mantenerle alerta, pero desde luego no es una forma «práctica» de hacerlo.

Afortunadamente, la Primera Persona no tiene cabeza alguna sobre la que pueda descender ninguna espada. Y, también por fortuna, la ciencia de la Primera Persona está desarmada y es bastante segura; nunca lastima a nadie, nunca produce desafortunados efectos secundarios. Solo hace bien, y ese bien es inmenso. En una palabra, es verdaderamente *práctica*: hace que el mundo sea un lugar mejor en el que vivir no solo para el veedor, sino para todos. Aunque no es su intención, uno de los efectos de la ciencia-1 es que salva al mundo de las consecuencias de la ciencia-3. Los dolores de cabeza que padecemos en la actualidad (las guerras, los conflictos raciales, la codicia económica, la brecha generacional, el crimen y la violencia, los trastornos mentales, la drogadicción y todos los demás síntomas de la ansiedad básica de la humanidad) provienen de creer que tenemos una cabeza que pudiera dolernos, que somos lo que no somos, una cosa o una tercera persona. Y todo aquel que se cura de este loco delirio ayuda automáticamente a curarse a los demás, por lo que hace mucho más por aliviar los males del mundo de lo que el mundo se imagina. Esto es ser auténticamente práctico.

Entrando en cuestiones prácticas más personales, noto que cuando vuelvo a mí mismo y reconozco Quién soy, trabajo y me divierto mucho mejor, con más energía, entusiasmo y disfrute, de manera más creativa. Tiendo a hacer bien lo que sea que tenga entre manos, con amor y eficacia. ¿Qué podría ser más práctico que esto? ¡Y qué podría ser menos práctico que pretender ser lo que no soy, como si pudiera manejar una sierra de manera útil y segura mientras creo que es un martillo! A decir verdad, mi comportamiento nunca es tan irresponsable, irreal y fantasioso como cuando descarto el Vacío que soy justo aquí: este Productor Primario al que difícilmente se podría acusar de no ser práctico, a la vista de que produce y entrega a partir de su propia Vacuidad este universo tan sumamente practicable (y además, para que no falte nada, plenamente consciente y complacido de hacerlo). ¡Y con todo ese aparato puesto en pie siguiendo a rajatabla los principios del «hágalo usted mismo» pero sin ninguna materia prima, ningún kit de herramientas o folleto de instrucciones! ¡Sin absolutamente ninguna clase de ayuda externa! Por decirlo suavemente, la Primera Persona —y la ciencia de la Primera Persona— son todo un negocio, cumplen lo que prometen[1].

La impracticabilidad y el sinsentido básico a los que somos tan propensos es en realidad doble. Atribuir las cualidades de la tercera persona a esta Primera Persona como tal, y las de la Primera Persona a esas terceras personas como tales (constriñéndome yo y convirtiéndoles en espectros a ellos) son las dos caras de la misma moneda. Una moneda falsa que el propio corregidor de Glastonbury[2] (el más realista de todos los personajes de ficción) reconoció como inútil:

> Estaba obsesionado, tanto que parecía estar como absorbido en un trance de tanto interés como mostraba, por la apariencia de nuestro mundo *exactamente como se presentaba* [...]. Para el corregidor de Glastonbury los pensamientos de la gente eran inexistentes; y si existe un nivel posible de no existencia superior a la inexistencia misma, a ese nivel pertenecían —para él— todos los instintos, sentimientos, impulsos, aspiraciones e intuiciones de los demás. [...] En el trato que mantenía con sus conciudadanos en el consejo municipal, sabía defenderse estupendamente bien. Y lo hacía gracias a la enorme ventaja que poseía sobre las personas que creían en la realidad de los pensamientos y los sentimientos. A veces, cuando un ladrón o un mentiroso entraban en conflicto con él, el delin-

cuente quedaba perplejo y desconcertado ante la agudeza del corregidor.

Si a esto le añadimos que —según su autor— era un hombre feliz y un buen ciudadano, estarás de acuerdo conmigo en que también se trataba de un hombre eminentemente práctico[3].

---

(1)   Dios es una cosa maravillosa:
       desea lo que es
       sin fin ni causa.

ANGELUS SILESIUS

(2) Cito de *A Glastonbury Romance*, de John Cowper Powys (pp. 212 y sigs., Nueva York, 1932).

(3)   Miré y vi que todas las cosas creadas estaban muertas. Pronuncié cuatro *akbirs* en su honor y regresé del funeral de todas ellas, y ya sin intrusión de ninguna criatura, solo con la ayuda de Dios, logré llegar a Dios.

BAYAZID DE BISTUN

35

La ciencia-1 se aplica espontáneamente

L A CIENCIA-3 PROFUNDIZA en las cosas que componen el mundo, forzándolas de este modo a que revelen sus secretos ocultos (secretos que posteriormente, tras un largo proceso de prueba y error y, a veces, de un intenso debate moral, se utilizan para todo tipo de usos tanto benignos como perniciosos).

La ciencia-1 profundiza aún más, llega hasta el mismísimo corazón de las cosas y descubre el Secreto central, el único que es totalmente práctico e imposible de aplicar de forma incorrecta, del que no se puede abusar, e igualmente se le da buen uso de forma inmediata. Y es que aquí no hay demoras, no hay que realizar pruebas y más pruebas tentativas (con la correspondiente ansiedad y desazón que estas conllevan), no hay deliberaciones agitadas ni crisis de conciencia, no hay dudas ni discrepancias éticas como las que surgen entre las ciencias puras y las ciencias aplicadas. Aquí la aplicación es instantánea y apropiada. Según mi experiencia, cuando veo claramente Quién está viendo, resulta innecesario (de hecho, tiene efectos fatídicos para esa visión) preocuparme por qué debo decir, hacer, pensar o sentir: la expresión adecuada de la Primera Persona se produce por sí sola, espontáneamente, en función de las circunstancias. Lo que surge es impredecible; si según los estándares de las terceras personas que me rodean esto resulta ser un auténtico disparate, algo poco convencional, chocante, incluso perverso, bueno, sencillamente es inevitable. A largo plazo, así es como ha de ser. Sé tener paciencia, pero he dejado de vacilar. Cuando realmente hacen falta, las acciones correctas aparecen por sí mismas, así que no decido de antemano ser arisco, mezquino, hosco e irritable, alardear, comer en exceso, robar, adular, despreciar, preocuparme, ponerme de mal humor (la lista es interminable), aunque muy bien puede ocurrir que tales comportamientos no se den cuando estoy atento a la Fuente de la que emana todo comportamiento. Si resulta que estoy a la altura de ciertos «principios» no es más que un efecto incidental, algo apreciable desde el exterior, pues el Uno que aquí habita es totalmente inocente de todo principio —y, para el caso, de cualquier otra cosa—.

Tampoco se trata de sustituir los Diez mandamientos por la Ley del amor. El Vacío que hay aquí, que no solo es la Fuente del amor, sino también de su opuesto, no conoce ninguna ley. La Primera Persona es amoral, es a-todo. Y es inevitable que así sea, pues *prescribir reglas* para mí mismo equivale a cosificarme, a convertirme en algo, a cultivar una cara, una autoimagen, a encerrarme en una caja, a convertirme en un recuerdo, en una tercera persona, en una cosa separada e intrínsecamente egoísta. Por el contrario, ser Yo mismo es ser esta Primera Persona del singular que, al ser conscientemente idéntica a todas las otras Primeras Personas (una mera forma de hablar, pues en realidad no existe esa pluralidad de Primeras Personas) es «desinteresada» y «desprendida» por naturaleza, y cuya «bondad» no se desprende de ninguna regla de conducta y, en consecuencia, es verdaderamente creativa. Las reglas pertenecen al mundo de las terceras personas separadas (donde, sin embargo, no contribuyen demasiado a cerrar la brecha que separa a las buenas intenciones y las ideas del hombre, por un lado, de su comportamiento, por el otro). Resolver la trágica discrepancia que se da entre lo ideal y lo real, entre el saber y el hacer, entre los descubrimientos de la ciencia-3 solo es posible mediante la ciencia-1 (descubriendo la Fuente Primordial tanto del saber como del hacer)[1].

¿Cómo puedo ayudar a que los demás hagan este descubrimiento? Renunciando a cualquier idea en ese sentido y prestando atención al Lugar donde no hay otros. Mientras que Esto se vea claramente, no importa lo inepta o confusa que pueda parecer mi expresión, pues lo importante será transmitido de

todos modos. La única forma en que puedo ayudar profundamente es ocuparme en este momento del más profundo de
todos mis asuntos: ver y, después, ver qué sucede.

---

(1)   Cuando se elimina la ilusión del «yo» [...] [el Ser] actúa con la
máxima libertad, sin temor, como el mismísimo Rey del *dhar-
ma*, como el Uno, el Único.

D. T. SUZUKI

Allá donde esté el espíritu del Señor, habrá libertad.

SAN PABLO

36

La ciencia-1 es psicoterapia básica

HOY EN DÍA, UNA DE LAS RAMAS más prolíficas de la ciencia-3 es la psicología, la ciencia de la mente y, en particular, la psiquiatría y la psicoterapia, el tratamiento de los trastornos mentales. Todo lo que tiene que ver con estos campos del conocimiento florece: la gran variedad de escuelas de pensamiento, teorías y técnicas, las polémicas entre distintas doctrinas, los descubrimientos, la jerga, la literatura, el interés popular, el número de practicantes, el número de pacientes... Todo florece. Tal vez incluso los resultados terapéuticos que, no obstante, cada vez se quedan más por detrás de la creciente demanda de tratamientos clínicos en estas áreas. ¿Pudiera ser que esta área de la ciencia-3 (algunos dirían que no es una ciencia, sino un arte, o no tanto un arte como una industria, una gran industria) fuese tal vez demasiado creativa, de manera que cuanto más crece más necesita crecer? Es como si el apetito de la psique por recibir atención aumentase exponencialmente cuando se alimenta, como si fuese un niño travieso que no duda en hacer lo que sea con tal de llamar la atención, por lo que se inventa un sinfín de problemas nuevos —urgentes, espeluznantes, plausibles— solo para mantener al pueblo llano alarmado y a los psiquiatras ocupados.

La ciencia-1 sabe cómo atar en corto a este niño problemático: sencillamente se niega a participar en su juego. Algo del todo procedente, pues se trata de la ciencia del Sujeto inmutable, no de ese pseudo-objeto proteico y camaleónico llamado *psique*. Es la ciencia del Experimentador y no de las experiencias. Usando términos menos modernos, es la ciencia del Espíritu, en oposición a las ciencias que se ocupan del estudio de la mente y el cuerpo. La Primera Persona como tal no tiene ni psique ni psicología, sino que es simple Conciencia sin la más mínima sombra de nada a lo que pueda llamar propio. Aquí, me despojo de todo, lo suelto todo, descargo sobre el mundo todo lo que con tanta fuerza he intentado sujetar para mí, todo aquello a lo que me he aferrado en un intento por conservarlo. Y ahora que me encuentro *aquí*, en el Centro desprovisto de toda cualidad y función, y veo que el mundo de *ahí* está lleno de ellas, dejo de etiquetar a algunas de estas cosas como «mentales», «subjetivas», «secundarias» y *mías*, y al resto como «físicas», «objetivas», «primarias» y *no mías*. Para mí toda experiencia tiene referencia externa, es centrífuga, de modo que si tengo alguna mente en absoluto, esta no sería otra cosa que mi universo. Todas estas cosas mentales al acecho crean sus objetos y se adhieren a ellos, dejando al Sujeto de aquí libre de todo, intrínsecamente sin mente, desprendido, desapegado, ecuánime, sereno y en calma.

Por lo tanto, descentralizar la mente equivale a sanarla. La ciencia-1, precisamente por ser tan «no psicológica» (o metapsicológica), resulta sumamente efectiva a nivel psicológico. Nos cura la mente curándonos *de* la mente[1]. Y es que, en esencia, el problema que presenta la mente es la convicción de que tenemos una, por lo que devolverla a la tienda (al Universo en su inabarcable inmensidad o, en términos zen, al Gran espacio o la Mente única) basta para ponerla en orden. Despejar mis problemas psicológicos es despejar mi psicología: esta maraña imaginaria de pensamientos y sentimientos desgarrados o escindidos de aquello sobre lo que tratan, reunidos aquí y encerrados en una pequeña caja de huesos, la mayor colonia de murciélagos en el más diminuto campanario que se haya visto jamás. Mientras que vea Eso que realmente soy como Primera Persona, estaré libre de cabeza, libre de mente y libre de cuerpo a todos los niveles, así como de todos los problemas que estos conllevan. Y al contrario, si no veo Esto tendré toda clase de problemas y complicaciones, todos los cuales se pueden reducir al problema del crecimiento de esta masa mórbida a la que llamamos *cerebro*, *cabeza* o *mente*, este tumor maligno que florece aquí, en el punto medio de mi universo. Decir que este cáncer sebáceo se interpone en mi camino y bloquea mi luz es un eufemismo. Aunque sea imaginario, me trastorna, me enloquece. No se trata tanto de *tener* problemas mentales como de crearme problemas a mí mismo, de forma totalmente gratuita, precisamente en el único Lugar que necesita estar libre de problemas —y que manifiestamente lo está, siempre que me digne a prestarle atención—. La Iluminación, que irradia su luz constantemente sobre este Punto libre de toda obstrucción, no es algo de lo que pueda prescindir.

En esencia, mi sanación estriba en que ya estoy liberado de todas estas cosas psicológicas, pero en buena medida las cosas mismas mejoran enormemente al dejarlas ir. Cuando «Estoy enamorado de ella» se convierte en «Ella es maravillosa», lo que antes no era más que puro regodeo sentimentaloide se convierte en amor verdadero. Cuando «Le odio» se convierte en «Esa persona es horrible», no resulta tan horrible después de todo, sino más bien alguien desfavorecido, alguien que no ha tenido demasiadas oportunidades en la vida. Cuando «Ese tipo me asusta» se convierte en «Ese tipo es feroz», el miedo inhabilitante pasa a ser tan solo una precisa y necesaria actitud de prudencia. Cuando «Tengo fe» se convierte en «Dios es», me vuelvo verdaderamente religioso. Cuando «Lo estoy pasando genial» se convierte en «¡Qué escena tan fabulosa!», la escena cambia para mejor. Cuando «Mi cara es demasiado simple» se convierte en «Esa cara del espejo es demasiado simple», Jane (quien pronuncia estas palabras) se vuelve menos simple. Cuando «Disfruto de esa imagen» se convierte en «¡Caray, qué cuadro!», merece la pena hacer una visita a la galería de arte. Cuando «Estoy estudiando historia» se convierte en «¿Qué ha ocurrido en el pasado?», es mucho más probable que recuerde lo que ocurrió. Y así con todo. Al despojar al universo de sus cualidades, lo echo a perder. Al restaurárselas, reparo el daño causado. Mi pequeña mente estalla en lo que siempre ha sido: el mundo no caído e indiviso. Cuando soy conscientemente todas las cosas, cuando dejo de ser una cosa entre cosas, una conciencia entre conciencias, soy Liberado, y el mundo, pese a todo, está bien porque es todo yo[2]. Fuera de la Primera Persona que soy no hay destinos, factores o fuerzas que obren en mi contra. Incluso las cosas más «desagradables» que me suceden como tercera persona son en realidad mi profunda intención como Primera Persona. Así pues, le digo «¡SÍ!» a la vida, y en eso consiste la verdadera terapia.

Hay un mito antiguo (adaptado) que pone de relieve la diferencia que existe entre el método psicológico de la ciencia-3 y el método metapsicológico de la ciencia-1. En el fondo de un lago vive un dragón que guarda la Perla de la Iluminación. El científico-3 se sumerge y arremete ciegamente contra el dragón, que siempre parece estar a punto de rendirse pero nunca lo hace, y en ningún caso entrega su preciosa joya. Mientras tanto, el científico-1 se limita a pasar silenciosamente a su lado y le arrebata la Perla, tras lo cual descubre inmediatamente que sirve para hechizar y domar al dragón, ya que aunque está en posesión de este Tesoro infinito —viéndose a sí mismo como dicho Tesoro—, no ignora al dragón. Todo lo contrario; ahora por fin puede enfrentarse a sus infinitos saltos y cabriolas sin miedo, objetivamente, sin identificarse con ninguna parte del espectáculo. Verdaderamente, el dragón ya no es un dragón, pero tampoco se convierte en un gatito de la noche a la mañana. De hecho, su primera reacción al darse cuenta de que ha perdido su preciada Perla puede ser una gran muestra de furia. Pero todo eso se queda en meros gestos, en puro babear y echar espumarajos por la boca. La Realidad del dragón, su Fuente, el único Poder último y supremo, es la Perla misma, es decir, la Primera Persona del singular en tiempo presente.

Usando un lenguaje sencillo, todos mis problemas psicológicos se reducen al problema de mi identidad. Solo se resuelven atendiendo al Uno que hay aquí, prestando atención a esta Primera Persona que se supone que tiene dichos problemas. Aquí yace el único análisis profundo, la única terapia que penetra en la raíz del asunto, la única cura duradera de mi enfermedad. Aunque puede que los resultados tarden en manifestarse (o que sean más evidentes en otros que en mí mismo), esta solución resulta económica, exhaustiva, infalible, ha sido cabalmente probada durante miles de años, está disponible al instante y (aunque en cierto sentido cuesta la Tierra entera) puede decirse que en esencia es gratis. La libertad se ofrece gratuitamente.

---

(1) Según Ramana Maharshi, el control mental consiste en descubrir que la mente no existe. La enseñanza esencial del zen es la «doctrina de la no-mente», y su forma sumaria de apaciguar mi mente consiste en desafiarme a mostrarla, generarla o concretar su ubicación. Hui-Chung, también en este sentido, dice: «La budeidad se alcanza cuando no hay mente que se pueda utilizar para dicho cometido». Y Huang-Po: «Simplemente me limito a no tener ninguna clase de mente; ese es el conocimiento inmaculado». Entre los propios psicólogos también hay, por supuesto, quienes reducen la mente a la conducta, y el Dr. Maudsley escribió: «Podría ser bastante instructivo y ciertamente sorprendente preguntarnos cuánto significado quedaría en los términos descriptivos de la psicología si se les priva de todo su significado físico».

(2)   A medida que se vuelve más puro y singularmente él mismo [...] el astrónomo está «ahí fuera» con las estrellas, en lugar de ser una entidad separada que observa desde un abismo otra entidad separada a través de la mirilla del telescópico.

ABRAHAM H. MASLOW

Nuestra alma vive en el mundo circundante.

HERÁCLITO

Cuando Pu-liang Yi puso el mundo y todas las cosas y toda la vida fuera de sí mismo, alcanzó el resplandor del amanecer y pudo discernir su Soledad.

CHUANG-TZU

37

La ciencia-1 diagnostica y trata la enfermedad específica del hombre

L A CIENCIA-3 CONSIDERA como *normal* (maduro, adulto, sano) a quien ha dejado de ser consciente de ser la Primera Persona, y como *anormal* (retrasado, infantil, quizá incluso enfermo) a quien retiene dicha conciencia. En cambio, la ciencia-1 define como *normal* o *sano* a quien es de forma consciente tanto la Primera Persona como la tercera sin confundir una con otra.

Hasta que entro en razón (hasta que, literalmente, no recupero el sentido —los sentidos—), trato de estar cara a cara con todas las personas con las que interactúo y de lograr la simetría a toda costa. La psicosis ancestral y universal del hombre es esta determinación por mezclar dos cosas que, por su propia naturaleza, son inmiscibles, de adulterar el espíritu de *aquí* (en este extremo del túnel) con la materia, y la materia de *ahí* (en el extremo opuesto) con el espíritu, para así convertir a esta Primera Persona en tercera y a esa tercera persona en Primera, para cubrir esta Conciencia con una superficie y socavar esa superficie con una conciencia[1]. La condición humana «normal» es patológica. Nos encontramos ante un trastorno más profundo, con mayores repercusiones, más insidiosamente infeccioso y más endémico que cualquier otro tipo de locura. La diferencia que supondría que creyese que soy una cosa en particular en lugar de otra (por ejemplo, que soy Napoleón o una tetera en lugar de Douglas Harding) resulta insignificante en comparación con la diferencia que hay entre creer que soy una *cosa* en absoluto, sea lo que sea esta, y ver que en realidad soy *Nada*, *Ninguna-cosa*. No es que la Primera Persona y la tercera sean diferentes, sino que ni siquiera se pueden comparar. No tienen absolutamente nada en común. Lo que es cierto para una es falso para la otra. Por eso confundirlas resulta tan sumamente perjudicial[2].

Podemos distinguir cuatro etapas en la etiología y el tratamiento de esta enfermedad:

1. Como cualquier animal, el bebé recién nacido es, para sí mismo, Nada, Ninguna-cosa, no tiene cara, es inmenso, su ser está en todo, se extiende por todas partes, no está separado de su mundo. En este sentido, es la Primera Persona sin saberlo.

2. El niño pequeño, al darse cuenta breve e intermitentemente de cómo es «él para sí mismo», puede preguntarle a su madre por qué ella tiene cabeza y él no, o puede protestar que él no es un niño (¡pues no se parece en nada a ese niño de ahí, ese niño que aparece en el espejo!), o incluso puede anunciar que no es nada, que está ausente, que es invisible. Sin embargo, también se está volviendo cada vez más consciente de cómo es «él para los demás»: una tercera persona completamente humana y especial que, como las demás, tiene una cabeza y una cara. Ambas visiones de sí mismo son válidas y necesarias.

3. Pero a medida que el niño crece, la visión adquirida «de sí mismo visto desde el exterior» empieza a eclipsar y, finalmente, a borrar por completo, la visión nativa y original que tenía «de sí mismo visto desde el interior». De hecho, en lugar de crecer lo que hace es *decrecer*, contraerse. Al principio contenía el mundo, pero ahora es el mundo el que le contiene a él (es decir, a lo poco que queda de él). Se cree a pies juntillas lo que todos le dicen sobre cómo es ser él, sobre cómo es estar donde él está, y lo único que descarta es lo que él mismo cree sobre sí mismo, por lo que deja de ser la Primera Persona. Las consecuencias de esta transformación son cada vez más lamentables. Al haber dejado de ser el Todo y haber quedado reducido a esta pequeñí-

sima parte casi por completo prescindible, empieza a sentir odio hacia los demás, se vuelve codicioso, temeroso, encerrado, y todo esto resulta agotador. Siente odio porque trata de vengarse de esa sociedad que tan cruelmente le ha reducido hasta su tamaño actual; es codicioso porque intenta recuperar a cualquier precio algo, por poco que sea, de su imperio perdido; siente temor porque se ve a sí mismo como una simple cosa enfrentada a todas las demás cosas; se siente encerrado porque la propia naturaleza de las cosas es mantener a las demás fuera de sí, a distancia; y está agotado porque se requiere mucha energía para mantener las distintas apariencias de esta cosa, en lugar de soltarlas, dejarlas ir al lugar al que realmente pertenecen. Y todos estos problemas derivan de su problema fundamental: su identidad ilusoria, ya que imagina (a pesar de todas las evidencias que indican lo contrario) que a 0 centímetros es lo mismo que parece ser desde una distancia de 2 metros: una masa sólida, una cosa opaca, coloreada, perfectamente delineada. En resumen, se ha salido de sí mismo, está, por así decirlo, al lado de sí mismo, se ha vuelto excéntrico, está alienado de sí mismo, así que todo le sale mal.

4. Tú, mi querido lector, has visto realmente, gracias al túnel de papel y al espejo de tu baño, lo que es ser la Primera Persona del singular, esta No-cosa que, sin embargo, es extremadamente consciente de sí misma como el Contenedor o el Recipiente de lo que sea que se muestre en este momento. Pero de eso ya hace bastante, así que, ahora que hemos llegado al final de este libro, tengo que pedirte que repitas ese experimento crucial, que veas lo que ves en el túnel en lugar de lo que los demás te dicen que veas. Este ver, esta visión, es creer. Si bien no es en absoluto mística (en el sentido que popularmente se le atribuye a dicho término), se trata de una experiencia precisa, total, de todo o nada, que no admite grados o niveles. O se ve o no se ve. El alivio que produce es instantáneo y completo —mientras dura—. Pero ahora empieza la parte realmente difícil del trabajo: tienes que seguir viendo la presencia de tu Ausencia en todo

lugar y siempre que puedas, hasta que esta visión se vuelva bastante natural (repito, *natural*) e ininterrumpida. Se trata de que no te pierdas ni en tu Vacío ni en lo que llena dicho Vacío, sino que veas *simultáneamente* lo que sea que estés mirando y la No-cosa desde la que estás mirando. No existe ningún momento, ninguna circunstancia, en la que esta atención bidireccional esté fuera de lugar o se pueda prescindir de ella de manera segura. El precio de la cordura es la continua vigilancia.

La visión inicial es la simplicidad misma: una vez que se ve, ¡nada es tan obvio como esto! Pero solo funciona en la medida en que se practica. Los resultados, (que incluyen dejar atrás el odio, la codicia, el miedo y las creencias ilusorias) solo están asegurados cuando se presta atención a esta Ausencia aquí presente, esta Ausencia que es la Libertad misma.

Puesto que existe, uno podría suponer que la «psicosis» de nuestra especie es un paso necesario en el tortuoso proceso evolutivo, un retroceso ineludible para, por así decirlo, coger carrerilla y dar un gran salto adelante. Sin duda, este asombroso «desliz» ha tenido que intervenir, pues es el lapso —y el lapsus— que media entre la cordura inconsciente del animal y el bebé (¿acaso existe o ha existido algún otro ser vivo aparte del hombre que se haya visto a sí mismo como una cosa?) y la cordura consciente del veedor. Al fin y al cabo, esta identidad ilusoria también juega un papel importante. ¿Cómo podría verse vívidamente la Ausencia de todo aquí si jamás hubiésemos imaginado, aunque fuese vagamente, la presencia de algo aquí?

Sea como fuere, esta cordura consciente, o Iluminación, ha estado surgiendo aquí y allá en la raza humana durante los últimos 4.000 años, y ahora, por fin, se está volviendo progresivamente más común[3]. En la actualidad, a pesar de las inmensas resistencias de la sociedad, es posible que se encuentre en fase de explosión. Y eso sería una gran fortuna, pues la propia supervivencia de nuestra raza —ya no digamos su sanación— muy bien podría depender de que ser la Primera Persona de forma consciente se convierta, si no en universal, al menos sí en la norma reconocida en base a la cual se mida la verdadera salud mental. El futuro no depende de que se produzca algún *cambio* en el hombre, sino de su reubicación, del descubrimiento siempre renovado de que como tercera persona pertenece al otro extremo del túnel y como Primera Persona a este extremo, así como del reconocimiento de que el contraste entre ambas es total[4].

---

(1)   El inocente Sr. Dorrit contrata a la formidable Sra. General para que le ayude a *elaborar una superficie.*

DICKENS

(2)   El hombre interno y el hombre externo son tan diferentes como la tierra y el cielo.

ECKHART

Solo cuando no veas ninguna cosa en tu mente y veas tu Mente en ninguna cosa estarás vacío y serás espiritual, sin forma y maravilloso.

TE-SHAN HSUAN-CHIOU

(3)   ¡Esto no significa que, ahora que nos vemos a nosotros mismos conscientemente como Primera Persona, nos consideremos como uno de los pocos internos cuerdos del manicomio humano, como parte del personal que se dedica a tratar al resto de pacientes! El hecho de considerarnos una cosa es una enfermedad propia de la Primera Persona del singular, no de terceras personas. Otro nombre para el científico-1 es el *bodhisattva* que, según se dice en el Sutra del diamante, consagra su vida a la Iluminación de todos los seres conscientes, pero si cree que existen conciencias separadas a las que haya que iluminar, ¡entonces no es un *boddhisattva* en absoluto!

(4)   Que tu camino vaya desde el hombre, no hacia el hombre.

EMERSON

Epílogo

EL MODO EN QUE SON LAS COSAS implica que ha de haber dos clases de ciencia (con las que poder abordar los dos tipos de «cosas» que existen). Estas dos clases se denominan *Yo mismo* y *los demás*, el *Sin cara* y los *con cara*, *Sujeto* y *objeto*, el *Observador* y *lo observado*, la *Primera Persona* y la *tercera*. Ambos se encuentran formando un ángulo de 180° entre sí y no hay absolutamente ninguna similitud entre ellos. Por eso la ciencia-1, como hemos visto, no se parece en nada a la ciencia-3. Sin embargo, y debido precisamente a que son polos opuestos, la ciencia-1 no está en conflicto con su homóloga, sino al contrario: es su complemento, su contrapartida y lo que le hace falta a la ciencia-3 para alcanzar su plena realización. La ciencia-1 resuelve sus contradicciones intrínsecas y le aporta una solución polivalente para todos los principales problemas teóricos y prácticos que plantea. En aras de la brevedad, las evidencias que constatan esta afirmación se han presentado de manera algo dogmática en los 37 capítulos anteriores, pero en realidad deberíamos ponerla a prueba en todo momento y no limitarnos nunca a darla por sentado. Siendo exactos, lo cierto es que es imposible darla por hecho, creerla sin más, pues el hecho de ser la Primera Persona de forma consciente solo significa algo cuando dejamos de hacer de nosotros mismos una cosa o una tercera persona, cuando dejamos de participar en el «juego de la cara». Y cuando eso sucede, ya no es necesario ponerla a prueba. Mientras que veamos cómo son las cosas aquí, solo nosotros somos la única y definitiva autoridad sobre Esto, y ni siquiera el presente ensayo da en la diana (falla el tiro por unos 30 centímetros), pues no puede hacer más que señalar hacia Eso que, en este mismo momento, está frente a estas palabras, leyéndolas.

Libros del Douglas E. Harding

*(Se reseñan entre paréntesis
los títulos disponibles en español)*

- Short Stories
- The Meaning and Beauty of the Artificial
- How Briggs Died
- The Melwold Mystery
- An Unconventional Portrait of Yourself
    (Un retrato poco convencional de ti mismo)
- The Hierarchy of Heaven and Earth
    (La Jerarquía del Cielo y la Tierra)
- Visible Gods
- On Having No Head
    (Vivir sin cabeza)
- Religions of the World
- The Face Game
- The Science of the 1st Person
    (La Ciencia de la Primera Persona)
- The Hidden Gospel
- Journey to the Centre of the Youniverse
- The Little Book of Life and Death
    (El pequeño libro de la vida y la muerte)
- Head Off Stress
- The Trial of the Man Who Said He was God
    (El juicio del hombre que decía ser Dios)
- Look For Yourself

- The Spectre in the Lake
- To Be And Not To Be, That is the Answer
  (Ser y no ser, esa es la respuesta)
- The Turning Point
  (El punto de retorno)
- Just One Who Sees
- As I See It

Milton Keynes UK
Ingram Content Group UK Ltd.
UKHW020700220923
429186UK00014B/672